现代财务会计理论及实践创新研究

刘清华　刘秀红　吉茜　著

延边大学出版社

图书在版编目（CIP）数据

现代财务会计理论及实践创新研究 / 刘清华，刘秀
红，吉茜著. -- 延吉 : 延边大学出版社，2023.9
ISBN 978-7-230-05588-8

Ⅰ. ①现… Ⅱ. ①刘… ②刘… ③吉… Ⅲ. ①财务会
计－研究 Ⅳ. ①F234.4

中国国家版本馆CIP数据核字(2023)第188770号

现代财务会计理论及实践创新研究

著　　者：刘清华　刘秀红　吉　茜
责任编辑：赵春子
封面设计：文合文化
出版发行：延边大学出版社
社　　址：吉林省延吉市公园路977号　　　邮　　编：133002
网　　址：http://www.ydcbs.com　　　E-mail：ydcbs@ydcbs.com
电　　话：0433-2732435　　　传　　真：0433-2732434
印　　刷：廊坊市广阳区九洲印刷厂
开　　本：710×1000　　1/16
印　　张：11.5
字　　数：220 千字
版　　次：2023 年 9 月 第 1 版
印　　次：2023 年 9 月 第 1 次印刷
书　　号：ISBN 978-7-230-05588-8

定价：78.00元

前　言

随着计算机技术的迅猛发展，信息技术开始普遍应用于各个行业，其已成为企业实现实际发展目标的有效途径。在知识经济时代，为了能够与新时期市场的竞争环境相适应，财务的信息化管理技术应运而生，本书对我国当前企业财务信息化管理的状况进行了阐述，说明了信息化在财务管理中所起的重要作用，并针对目前企业财务信息化管理的状态，提出了加强企业财务信息化管理的有效措施，以实现企业的经营目标。

本书立足于财务会计基础知识，结合新时代信息化高速发展的特点，对信息化时代下财务会计的发展进行了论述。本书首先介绍了会计学的基础知识，并对目前学术界关于财务会计的理论研究进行了介绍；其次，结合当前财务会计的基础理论对会计数据分析和财务会计管理模式进行了系统的介绍，并对信息化时代下财务会计的工作内容进行了研究与分析；最后，对信息化时代下财务会计工作的进一步创新提出了一些建议。

本书面向财务会计工作实际，参考了大量会计学专业和其他相关专业的文献和研究成果，力求体现实践性、适用性，是一本既有理论价值又有实践意义的著作。

因笔者水平有限，加之时间仓促，书中难免有不妥之处，敬请学界同人以及读者朋友批评指正。

笔者

2023 年 3 月

目　　录

第一章　会计学概述

第一节　会计学若干理论问题

任何一门科学的建立，都有其独特的理论体系，不然就不能称为科学。会计学亦是如此，其通过对各种财务活动、财务报表等的收集、整理、分类与分析，为相关单位的经济发展战略的制定提供了较为详细的参考数据。不过也应看到，会计学在开始建立时，其自身的理论体系并不是很严密，它是在之后的生产发展中逐渐完善起来的。下面仅就会计学的几个基本理论问题进行探讨。

一、概念问题

每门学科都应有自己特定的概念，以区分与其他学科的不同。但目前会计的概念备受争议，说法不一。参考某些比较经典的出版著作和教材中对会计所下的定义，我们可以将会计的概念分为以下几类：①工具类。单位发展过程中运用会计学相关知识与核算方法对相关的经济活动进行全面系统的记录和计算，并最终通过相应的财务报表将单位一段时间的经营状况进行汇总与分析，为单位在不同方面的具体管理提供参考依据。②方法类。单位经济发展多以货币交易为主，通过对账簿进行计算等方式进行具体的经济活动。③综合类。这种概念的支持者认为会计学既是单位经济管理的工具，又是单位进行核算的方法，是两者的兼并与融合。④管理类。这类说法始于 20 世纪 80 年代，一些会计学术论述中认为会计"属于管理范畴，是人的一种管理活动"。

当然，除了以上四种比较主流的解释，还有许多关于会计的概念，在此不再一一列举。笔者认为，我们对于会计的定义不能一概而论，要区分其产生和发展的不同历史时期。会计是随着管理的需要而产生的，也是随着生产的发展而发展的。

纵观整个会计发展史，我们就会发现会计学的发展史其实就是其自身从粗略到精细、从粗浅到完善的"蜕变史"。而会计的概念也是在这些"蜕变"过程中不断发生变化的。据文字记载，早在我国的周朝时期，国家就已经专设了管理全国钱粮会计的官吏，产生了所谓"大宰""司会"等称谓。《周礼·天官冢宰第一》也明确指出："凡在书契、版图者之贰，以逆群吏之治而听其会。以参互考日成，以月要考月成，以岁会考岁成，以周知四国之治，以诏王及冢宰废置。"这时，"会计"的意思就只是计算。后来，随着生产的发展，会计的含义也发生了很大的变化，它不仅指对经济现象进行计算，还指对经济活动进行监督、控制、预测和决策。当今的会计就是将货币作为主要计量单位，对社会再生产过程中的资金运动进行连续、系统、完整、综合的反映、监督、控制、预测和决策的经济管理方面的一门科学。

二、对象问题

会计学的研究对象是引导当今研究人员确定正确研究方向的基本保障，但业界学者对这个问题众说纷纭，各执一词。尽管说法不一，但总结起来分为以下几类：①"运动论者"，持有这种观点的学者强调，会计主要针对社会经济发展中的资金的流动问题进行研究，因而其主要研究对象是社会再生产过程中的资金运动问题。②"经济活动论"，主要兴盛于 20 世纪五六十年代。持有这种观点的学者认为，会计以货币为表现形式参与到社会不同性质单位的生产发展中，且其为各单位的生产经营活动提供了强大的资金支持，因而其主要研究对象是各单位在社会主义再生产过程中能够用货币表现的经济活动；③"信息论"，持有这种观点的研究人员认为，会计以账簿为表现形式详细地记录着单位的每一笔经济活动和财务收支情况，这些财务收支报表为单位一段时间内的经济决策等提供了有力的信息，因而会计学研究的对象就是社会主义再生产过程中的信息。

笔者认为，在不同历史时期和不同社会性质中，会计的对象也是不同的。我们应从发展的、变化的角度来确定会计的对象，不能统而言之。在原始社会时期，人们以狩猎采摘维持生存，并不存在商品贸易，所以也没有货币的概念，在这个时期，会计处于萌芽阶段，只有通过"结绳记事"来反映人们的劳动获取和劳动消耗。这一时期，会计核算的对象只能是使用价值。到了奴隶社会，出现了商品贸易和早期货币，这一时期，会计的核算对象由最初的使用价值变成了价值运动。至于在当今的社会主义社会和资本主义社会中，由于社会性质的不同，会计的对象也不尽相同。在资本主义社会中，资本家私人占有生产资料，其生产目的是榨取人民劳动，获取剩余价值。在这样的生产关系下，资本家为了让剩余价值最大化，就使投入生产经营后的资本发生无限的资本运动。所以，在资本主义社会，会计的研究对象就是资本运动。相反的，在社会主义社会中，生产资料实现了公有制，生产的目的是最大限度地满足人民日益增长的物质文化需求，这时投入生产中的价值，就不再是资本，而是资金。因此，在社会主义社会，会计的对象就是资金运动。

三、属性问题

与会计的概念一样，会计属性问题一直以来也是我国会计学研究者重点探究的问题之一。虽然各个学者对此问题争论不休，但综合起来也不外乎以下三种观点：①社会科学属性。因为会计学是研究社会再生产过程中人与人之间的相互关系的，而人是经济活动的主体，所以一部分学者认为不能将会计归入自然科学的范畴，而应归入社会科学的范畴。②自然科学属性。该观点认为会计是一门纯技术性的自然科学，不具有任何社会科学属性，与第一种观点针锋相对。③双重属性。认为会计既属于社会科学，又属于自然科学，具有"双重属性"。

笔者认为，会计的属性从某种程度上讲是由会计的概念所决定的，在不同历史时期，会计有着不同的属性。早期的会计只是"生产职能的附属部分"，因此这个时期的会计只能属于自然科学。但是随着生产的发展，会计"从生产职能中分离出来，成为特殊的、专门委托的当事人的独立的职能"。这一时期，会计就成为一门以自然科学为主，同时又带有社会科学性质的经济管理科学。

总之，会计学是与社会经济密切相关的一门科学，只有弄清了会计的概念、对象、属性等基本理论问题，并加大对整个会计学的研究力度，才能为我国会计学理论体系的构建和完善提供帮助。

第二节 环境会计基本理论

环境会计是会计领域一门新型的交叉学科，关于环境会计的概念、特征、确认与计量、报告等都是研究的核心问题。笔者通过对其相关内容的梳理，提出具有实践性的观点、程序、方法，希望为今后的研究、实际操作提供理论上的支撑。

一、环境会计的概念

英国《会计学月刊》1971 年刊登了比蒙斯（F. A. Beams）撰写的《控制污染的社会成本转换研究》，1973 年刊登了马林（J. T. Marlin）的《污染的会计问题》，自此揭开了环境会计研究的序幕。1990 年，格雷（Rob Gray）发表的《会计工作的绿化》是有关环境会计研究的一个里程碑，它标志着环境会计研究已成为全球学术界关注的中心议题。

环境会计是以环境资产、环境费用、环境效益等会计要素为核算内容的一门专业会计。环境会计核算的会计要素，采用货币作为主要的计量单位，采用公允价值计量属性，辅之以其他计量单位及属性完成会计核算工作。但环境会计货币计量单位的货币含义不完全是建立在劳动价值理论基础上的。按照劳动价值理论，只有交换的商品的价值才能用社会必要劳动时间来衡量，对于非交换、非人类劳动的物品，是不计量的，会计不需对其进行核算。然而这些非交换、非人类劳动的物品有相当部分是环境会计的核算内容，因此环境会计必须建立能够计量非交换、非人类劳动的物品的价值理论。

二、环境会计的特征

（一）生态资源的存量有限

资源是有限的，越开采就会越少。生态资源的有限性决定了人类不能无限制地开采，对已被过度耗费的存量资源要进行补偿。生态资源的有限性还决定了要用一定的方法对生态资源的存量、流量进行测算、计量、评估、对比等。

（二）生态资源的权益社会化

应当将生态环境资源看成整个社会的权益，这是由生态资源的特点所决定的。任何生态资源都既对当地产生影响又对全局产生影响。受生态资源地理属性及其作用迁移的影响，对生态资源的开采、生态成本的补偿、生态收益的确认都大大超过了地理属性的范围，从而使环境会计的空间扩大，并呈现出宏观会计的显著特点。

（三）资源循环利用

应按照生态规律利用自然资源，倡导资源的循环利用，实现经济的可持续发展。运用生态学规律，将人类经济活动从传统工业社会以"资源→产品→废弃物"的物质单向流动的线性经济，转变为"资源→产品→再生资源"的反馈式经济增长模式，通过物质循环流动，使资源得到充分的利用，把经济活动对自然环境的负面影响降到最低。

（四）复合计量

传统会计都以货币为单位进行计量。环境会计却不能被限制只用货币作为计量单位来反映生态资源状况，因为用货币计量反而不能说明问题。但在财政转移支付量上、对生态建设的项目投资上，却又不能不用货币计量。困难的是如何把这两种计量统一在环境会计的核算体系里，如何使两者在需要的时候进行转换。

三、环境会计的确认与计量

环境会计的确认和计量是环境会计研究的难点。环境会计的计量可以建立在边际理论与劳动价值理论相结合的基础上，对于包含劳动结晶的环境要素，按劳动价值理论建立的计量方法计量；对于不包含劳动结晶的环境要素，按边际价值理论建立的计量方法计量。围绕环境会计中的确认问题，分析环境会计要素确认的特殊性，重点研究单位环境会计中负债、资产、成本等会计要素的确认问题。

（一）环境负债的确认与计量

环境负债是指由于过去或现在的经营活动对环境造成的不良影响而承担的需要在未来以资产或劳务偿还的义务。它是单位承担的各种负债之一，具有单位一般负债的基本特征，同时也有自己的特殊表现。按照对环境负债的把握程度，我们可以把环境负债分为确定性环境负债和不确定性环境负债。

1.确定性环境负债的确认与计量

确定性环境负债是指由生产经营活动引发的、经有关机构做出裁决而应由单位承担的环境负债。主要包括排污费、环境罚款、环境赔偿和由环境修复责任引发的环境负债。

有些环境负债的确认是很简单的，如排污费、环境罚款和环境赔偿，通常由环境执法部门或司法程序确定，这些环境负债的计量也很简单，直接根据环境执法机构的罚款金额或法院裁定的金额进行计量即可；相反，有些责任的认定和负债的计量是复杂的和不确定的，如环境修复责任的认定及其导致的环境负债的计量。对于法律法规强制要求的环境修复责任，单位可以按照相关规定的提取比例和提取标准进行计量。对于单位自律性的环境修复责任，提取的标准和提取比例可以根据单位决策机构或专业咨询机构的测定，考虑单位自身的承受能力，均衡单位社会责任、社会环保形象、环保目标诸多因素综合确定。在单位持续经营过程中，提取的比例和金额也可能是不断变化的。产生这种变化的因素可能有多种，如单位由于承受能力增强或出于对自身形象的慎重考虑，可能提高提取比例；对环境修复费用的重新测定或评估可能导致对环境修复责任的判断发生变化；单位环保目标的修正导致提取比例发生变化；等等。

2.不确定性环境负债的确认与计量

不确定性环境负债是指由单位过去生产经营行为引起的具有不确定性的环境负债。在过去的单位会计业务中，人们很少关心由单位环境责任引发的潜在环境责任承担问题，只有在切实遭受环境处罚和赔偿时，再将其作为一项营业外支出项目处理，这种处理方式缺乏稳健性，所提供的信息也是不完善的。单位环境会计应当借鉴或用负债的理论与实践来处理环境影响责任问题。

（二）环境资产的确认与计量

1.环境资产界定

关于环境资产的概念，目前资源环境经济理论界与会计学界的看法并不一致，形成了下述三种主要看法。

（1）从环境会计的定义或其研究对象出发所推论的环境资产。对环境资产的认识，有的学者是在环境会计的定义或其研究对象中予以界定的。由于不同学者对环境会计的定义或研究对象的认识不同，其所界定的环境资产也不同。例如，英国邓迪大学的格雷认为，环境会计中的环境资产是人造环境资产和自然环境资产。孙兴华等人认为，环境会计的对象是全部自然资源环境。王冬莲等人认为，在环境会计中可以把自然资源和生态环境确认为资产，实行自然资源和生态环境的有偿耗用制度，可见，其所指的环境资产包括自然资源资产和生态环境资产。

（2）从宏观角度直接定义的环境资产。从宏观角度直接定义环境资产的权威当属 1993 年联合国国民经济核算体系中给环境资产所下的定义。联合国国民经济核算体系认为，只有那些所有权已经被确立并且已经有效地得到实施的自然产生的资产才有资格作为环境资产。为了符合环境资产的一般定义，自然资产不仅要被所有人拥有，而且如果给定技术、科学知识、经济基础、可利用资源以及与核算日期有关的或在不久的将来可预料到的一套通行的相对价格，它还能够为它们的所有者带来经济利益。不满足上述标准的被划在联合国国民经济核算体系规定的环境资产范围之外，特别是所有权不能被确立的环境资源，包括空气、主要水域和生态系统等，因为这些环境要素巨大、无法控制，以至于人们不能对其实施有效的所有权管理。

（3）从微观角度直接界定的环境资产。联合国国际会计与报告标准政府间专家工作组认为，环境资产是指由于符合资产的确认标准而被资本化的环境成本，是从微观单位的角度对其所发生的与环境有关的成本因符合资本化条件而被资本化的部分。

2.环境资产的确认与计量依据

对环境资产的确认，实质上就是判断由过去的交易或事项产生的项目是否应当以环境资产的形式计入单位财务报表的过程。以什么标准为基本依据来确认环境资产，是我们研究环境资产确认问题时必须明确的一个问题。美国财务会计准则委员会（Financial Accounting Standards Board, FASB）对资产确认的一般定义可以成为确认环境资产的基本依据。FASB 的第 5 号财务会计概念公告对单位一般资产的确认提出了可定义性、可计量性、相关性和可靠性四条普遍适用的具体确认标准，这些标准是我们研究环境资产确认条件的基本理论依据。

一个项目是否应确认为单位的环境资产必须同时满足以下四个条件：

第一，符合定义。单位发生的成本只有符合这一环境资产的定义，才可确认为单位的环境资产。

第二，货币计量。单位发生的不能用货币计量的有关活动或事项就不能确认为单位的环境资产。

第三，决策相关。只有与信息使用者决策相关的有关环境成本的资本化才能确认为单位环境资产。

第四，可计量性。由于单位环境资产是单位环境成本的资本化，而环境成本往往是单位付出的一定代价，因此单位环境资产的价值可以按所付出的代价进行计量。这种计量是有据可查、可验证的，因此其计量结果应当是可靠的。否则，该环境成本就不能确认为单位环境资产。

3.环境资产的确认与计量方法

（1）增加未来利益法。增加未来利益法，就是导致单位未来经济利益增加的环境成本应资本化。这是从经济角度考虑的，不过，对于污染预防或清理成本，在被认为是单位生存绝对必要的条件时，即使它不能够创造额外的经济利益，也应予以资本化。

（2）未来利益额外成本法。未来利益额外成本法，即无论环境成本是否带来经济利益的增加，只要它们被认为是为未来利益支付的代价，就应该资本化，这是从可持续发展的角度考虑的。

（三）环境成本的确认与计量

环境成本与传统单位成本相比，具有不确定性，但仍能根据相关法律或文件进行推定。在目前的会计制度体系中，在权责发生制原则下，环境成本应满足以下两个条件：

第一，导致环境成本的事项确已发生，它是确认环境成本的基本条件。如何确定环境成本事项的发生，关键是看此项支出是否与环境相关，并且，此项支出能导致单位或公司资产的减少或者负债的增加，最终导致所有者权益减少。

第二，环境成本的金额能够合理计量或合理估计。由于环境成本的内容涉及比较广泛，因此其金额能不能合理计量或合理估计就是确认环境成本的重要条件。在环境治理过程中，有些支出的发生能够确认，并且可以量化，如采矿单位所产生的矿渣及矿坑污染，每年需支付的回填、覆土、绿化的支出就很容易确认和计量。但有些与环境相关的成本一时不能确切地计量，对此我们可以采用定性或定量的方法予以合理估计，如水污染、空气污染的治理成本和费用，在治理完成之前无法准确计量，只能根据小范围治理或其他单位治理的成本费用进行合理估计。

环境成本的固有特征决定了环境成本确认的复杂性，严格确认环境成本是正确确认环境资产的前提条件，因此必须强化环境成本确认的标准，为环境资产的确认奠定基础。

四、环境会计报告

（一）环境资产负债表

独立式的环境资产负债表是单位为反映环境对财务状况的影响而单独编制的资产负债表。借鉴传统财务会计的做法，环境资产负债表左方登记环境资产，右方登记环境负债及环境权益，也遵循"资产＝负债＋所有者权益"这一理论依据。

在环境资产负债表中，环境资产参照传统会计的做法分为环保流动资产和环保非流动资产两部分。

环保流动资产用来核算与单位环境治理相关的货币资金、存货、应收及预付款项；环保非流动资产包括单位所拥有或控制的自然资源以及与单位环境治理相关的固定资产、无形资产、长期待摊费用等。

环境负债主要包括两部分：一是为进行环境保护而借入的银行借款，包括短期环保借款和长期环保借款；二是应付的环境支出，可按其内容分别设"应付环保款""应付环保职工薪酬""应交环保费""应交环保税"等科目。

（二）环境利润表

设置单独的利润表，可以较好地让信息使用者了解单位的环境绩效，揭示单位保护环境和控制污染的成效。环境利润表按照"环境利润＝环境收入－环境费用"这一等式，采取单步式结构计算利润。

由于环保工作带来的社会效益等难以计量，故环境利润表中的环境收入只通过环保交易收入、环保补贴贡献收入、环保节约收入三大项目来反映。其中环保交易收入是指单位在各项交易中形成的与环境保护有关的收入，可分为单位出售废料的收入、排污权交易收入以及因提供环保卫生服务而获得的收入等。

环保补贴贡献收入是指单位获得的政府给予的环保补贴或因取得环保成果而得到的社会奖金，可分为政府给予单位的支持环保的补助收入和环保贡献奖金收入。

环保节约收入则是单位在环境治理中取得的各项节约收入，这一部分收入虽然可能不容易直接计算，但仍然属于单位在环境治理中获得的经济利益，理应计入环境收入。环保节约收入可分为单位节约能源及材料的节约额、排污费节约额、节约的污染处理费、节约污染赔偿费，因环保贡献而受政府支持取得的低息贷款节约利息额、减免税收节约额等。

环境费用则按其性质和作用分为环境治理费用、环境预防费用、环境负担费用、环境恶性费用四类。

环境治理费用是单位治理已经存在的环境影响而发生的支出，可分为单位因治理环境而花费的材料费用，绿化、清洁费用，环保设备折旧费用，以及由于购入环保材料而支付的额外费用。

环境预防费用是单位为防止环境污染而支付的预防性费用，环境预防费用可分为环保贷款利息、环境机构业务经费、环境部门人员工资及福利、员工环境教育成本、社会环保活动开支等。

环境负担费用则是单位理应承担的环境保护责任支出，可分为排污费、与环境有关的税金支出、其他环境费用等。

环境恶性费用是单位因环境治理不力而产生的负面性开支，可分为环境事故罚款及赔偿、环保案件诉讼费。

（三）会计报表附注

报表附注中应披露以下报表项目中不能反映的非财务信息：单位环境会计所采用的具体目标和特定会计政策，如单位环境状况及环境目标完成情况简介、环境资产的计价与摊销政策、环境利润的确认政策等；单位面临的环保风险，包括国家环保政策的可能变动、上市公司所处行业的环保情况及未来发展趋势分析等；环境法规执行情况，可分为依据的环境法律、法规内容及标准以及执行的成绩和未能执行的原因等；主要污染物排放量、消耗和污染的环境资源情况等；单位本期或未来的环保投入情况；因治理环境污染或采取环保措施而获得的经济效益和社会效益；环保技术研发、环保培训、环保活动等的开展情况；环境会计变更事项，包括环境会计方法的变更、报告主体的改变、会计估计的改变等。

　　环境会计所研究的末端治理模式的特征是先污染后治理，或者是边污染边治理。它把环境污染看作生产中不可避免的。在末端治理范式下，自然资本成为被开发的对象，在生产中处于被动的和受忽视的地位。自然环境和自然资源的价值被人为地降低，很少被维护，以至于被破坏，这是环境会计研究所不能解决的难题。

第三节　经济学成本
与会计学成本比较

　　成本作为一个基本的经济学范畴，不仅在经济学中，而且在会计学中都具有十分重要的理论价值和实践意义。本节从它们的定义出发，从三个方面比较二者的不同，并用发展的眼光看待这两种成本理论，以期为学习和研究西方经济学成本理论的学者提供借鉴。

一、会计学中的成本定义

美国会计学会对成本的定义是：为了达到特定目的而发生或未发生的价值牺牲，它可用货币单位加以衡量。会计学中对成本的定义是：特定的会计主体为了达到一定目的而发生的可以用货币计量的代价。从以上定义看，会计成本是单位在生产经营过程中发生的各项费用支出总和，包括工资、原材料、动力、运输等所支付的费用，以及固定资产折旧和借入资本所支付的利息等。

会计学上的成本具有以下特点：

（1）围绕单位生产过程进行研究，重点研究生产成本，不涉及单位与外界和单位内部组织之间的费用；

（2）只关心实际发生的成本，不关心未来的产出；

（3）能够以货币加以计量，只核算可以用货币直接反映出来的成本，不包括应计入而不能以货币直接反映出来的成本；

（4）只计量实物资本成本，不计量其他成本。

二、经济学中的成本定义

随着经济理论的发展，西方经济学中对成本的研究很多，人们不仅研究发生在单位生产过程中的成本，也研究生产过程前后发生的成本，还研究单位与单位之间、单位与社会之间以及单位内部组织之间发生的成本。这里我们着重研究生产成本、机会成本、边际成本和交易成本。

（一）生产成本

由于生产过程本身是一个投入产出的过程，因此生产过程中所投入的生产要素的价格就是生产成本。经济学中关于单位生产成本的分析一般具有如下基本内容：

1.短期成本

在短期内，由于固定投入保持不变或变动性小，因此增加产量主要依靠增加可变投入数量。短期成本包括固定成本和可变成本两部分，固定成本不随产量的变化而变化，可变成本随产量变化而变化，呈现递减、不变、递增的态势。短期成本有两个重要概念：平均成本和边际成本。平均成本又可分为平均固定成本、平均可变成本。平均固定成本随产量增加而递减，平均可变成本、边际成本随产量的增加而经历递减、最小、递增三个阶段。

2.长期成本

长期成本是生产者在可以调整所有的生产要素数量的情况下，进行生产所花费的成本。在长期生产中，单位可以根据它所要达到的产量来调整生产规模，从而始终处于最低平均成本状态，所以长期平均成本曲线就由无数条短期平均成本曲线的最低点集合而成，即长期平均成本曲线就是短期平均成本曲线的包络线，单位可根据长期成本曲线来做出生产规划。

（二）机会成本

机会成本是经济学中的一个重要概念，在经济学中被定义为"从事某种选择所必须放弃的最有价值的其他选择"。机会成本不是指实际的支出，而是对资源的合理配置和有效利用的一种度量，对放弃效益的评价，表达了稀缺与选择之间的基本关系。机会成本的主要特征是：不关心过去已经发生的成本，只关心未来的产出，它不是对历史的反映，而是对未来活动结果的预见。机会成本有助于决策者全面考虑各种方案，为有限的资源寻求最为有利的使用途径。

（三）边际成本

边际成本是指每增加一个单位的量所需要增加的成本。它可以通过总成本增量和总产量增量之比表示出来。从概念可知，边际成本是由可变成本的增加所引起的，而单位可变成本又存在着先减后增的变化规律，因此边际成本也必然是一条先降后升的 U 形曲线。

边际成本是选择成本时要考虑的关键因素。单位的规模不是越大越好，一旦超出规模经济范围，成本反而会增加。因此，单位要利用边际成本分析法，综合考虑边际成本和规模收益情况。

（四）交易成本

西方学者对交易成本的定义众多。科斯（Ronald H. Coase）认为，交易费用是获得准确的市场信息所需支付的费用以及谈判和经常性契约的费用。张五常认为，可以将交易成本看作一系列制度成本，包括信息成本、监督管理的成本和制度结构变化的成本。威廉姆森（John Williamson）认为，交易费用可分为事前和事后两种，事前交易成本是指起草谈判的成本；事后交易成本指交易已经发生之后的成本，如退出某种契约的成本、改变价格的成本、续约的成本等。

交易成本有以下几个特点：

（1）交易成本是发生在处于一定社会关系之中的人与人之间的，离开了人们之间的社会关系，交易活动不可能发生，交易成本也就不可能存在，即交易的社会性；

（2）交易成本不直接发生在物质生产领域，即交易成本不等于生产成本；

（3）在社会中一切经济活动成本除生产成本之外的资源耗费都是交易成本。

三、会计学成本与经济学成本比较

（1）会计学中的成本是基于会计假设计算的，经济学中的成本概念突破了会计假设。1922年，佩顿（William Andrew Paton）所著的《会计理论》一书首次提出会计假设，会计学有四个基本会计假设：会计主体假设、持续经营假设、会计分期假设及货币计量假设，这些假设是从事会计工作、研究会计问题的前提。根据会计主体假设，借入资本的利息是计入会计成本的，但权益成本是不能计入的，个体私营业主的工资收入都不能计入成本，而经济学成本是包括这些的。持续经营假设和会计分期是单位计提折旧的理论依据，资本性支出在不同的会计期间分担，体现权责对等，均衡利润和税负，但经济学成本只考虑现金的流出，即便是资本性支出也一次性计入成本。另外，会计只计入能用货币计量的成本，经济学则将其他的经济量也作为成本。

（2）会计学成本重点研究生产成本，记录过去的交易，而且很重视进行客观的叙述。相比之下，经济学家通常比会计学家具有更宽广的眼界，他们注意对经济活动进行分析，除了研究生产成本还研究其他各种成本。在西方经济学中生产成本的概念已经比较成熟，其理论也广泛地运用在会计学上。

（3）会计学成本与机会成本。会计学家的工作是关注记录流入和流出单位的货币。他们衡量单位实际发生的成本，但忽略了部分机会成本。与此相比，经济学家关心单位如何做出生产和定价决策，因此当他们在衡量成本时就包含了所有机会成本。在会计学中引入机会成本的概念，有助于使传统会计在现有以核算为主的基础上加强参与决策，适时发挥控制和开展经济分析等功能。

（4）会计学成本与交易成本。传统会计学成本重点研究生产成本，但在社会中，一切经济活动除生产成本之外的资源耗费都是交易成本，只要存在人与人之间的交易，就存在交易成本。根据交易成本相关理论，单位不仅与人力资本的提供者（雇员、经理）、实物资本的提供者（股东、债权人等）缔约，也与原料供应者、产品购买者缔约，还与政府缔结政府管制契约，与社会缔结有关社会责任的契约，故形成了人力资本成本、信息成本、政治成本、社会成本等一系列成本范畴，这些成本范畴随着各种条件的成熟，会最终进入会计成本的研究范围。

四、用发展的眼光看两种成本理论

从发展趋势看，传统经济学的完全信息假定、完全市场假定等逐渐被现代经济理论更接近实际的假设条件所取代，从而使现代经济理论的针对性、可操作性更强，这是经济理论不断创新、不断进步的表现，也满足了经济活动的参与者对具有现实指导意义的理论的要求。适应这一潮流，传统成本的理论也必将随着经济理论的发展而不断丰富，新的成本范畴还会不断产生，现有的成本范畴也将不断被赋予新的内容。在可以预见的将来，交易成本、代理成本等范畴都应该逐步实现规范化，获得各个学派比较统一的解释，以利于进一步系统深入地研究与解释，真正成为现代经济学大厦的有机组成部分；而那些仍处于初步探讨中的如政治成本、转化成本、社会成本等成本范畴，将逐渐为人们所熟悉，并最终纳入会计学的计量研究中。

会计从来都是服从和适应于社会经济发展的。经济运行的状态决定着会计运行的方向。传统会计学成本适应于传统工业经济，在新的经济下，会计模式也要进行相应变革，而经济理论恰恰为会计理论提供了理论依据和指导。通过会计学与经济学成本之比较，我们可以看出会计学成本的发展方向，从中可窥视出会计未来的发展趋势。

（1）传统会计成本正从单纯计量过去信息向能动地运用信息参与决策、提供未来信息的方向发展，即由静态向动态，由计量过去到计量未来发展。

（2）会计成本由重视单位内部成本向内部成本与外部成本并重发展。

（3）受现代经济学成本概念计量的困难性和综合性的影响，会计成本的计量也由简单的加减向综合化方向发展。

（4）会计成本由以货币计量为主向多种综合计量手段并存的阶段发展，如在美国，一般大型单位都在其年度报告中附有简要的社会责任履行和环境保护情况的说明。

第四节　产权理论与会计学

单位的产权分离是会计学研究的一个崭新的方向，是产权理论与会计学的有机结合。产权的本质是对稀缺资源的产权问题进行研究，一些经济学问题都可以通过产权理论框架进行分析。单位提供会计信息是一个必然的事实，从产权理论这一思路出发，我们能够对会计的产生和发展有更深入的了解。

一、产权理论与会计学的关系

会计作为一种有效的监督和管理手段发挥着重要的作用，能最大限度地被产权所有者利用。在发生利益冲突和经济纠纷时，会计记录便会作为一项有利的证据，证明产权所有者对财产的支配权。也可以说，会计的产生是一种必然，并建立在一定的产权关系上。并且由于会计是由政府或民间权威组织制定与实施的，具有适用范围广、边际成本低等特点，因此还有节约交易费用的作用。毫无疑问，产权与会计之间存在一种天然的联系，任何时期的会计都建立在一定的产权关系上。

产权理论是会计研究的起点，社会中一次次的产权变革促使会计学不断发展和完善。从这一方面来说，产权理论对会计的影响逐渐明晰，可分为三个方面：①会计反映和控制着产权交易行为，从产权理论角度上来讲，社会上的一切经济活动都是产权交易；②会计准则的制定与产权密切相关，维护与保护产权所有者的利益是会计法律制度建立的出发点；③产权的特征决定会计的发展方向，各个产权所有者在为利益进行博弈，因此会计为各个产权所有者提供他们必需的信息。

从理论上来讲，产权理论是经济学理论的基石；从实践上来看，产权明晰是市场经济能够有效运行的前提条件。从产权理论看，我国现行制度下会计信息失真是委托人和代理人博弈的必然结果，因为国有单位的名义所有权归国家所有，实质的所有者缺位，代理人拥有国有单位控制权并去追求单位剩余权益，这是国有单位效率低下以及管理层腐败的原因。只有找到原因才能探索解决的办法，要从根本上解决这个问题，还必须依赖国有单位产权制度的变革和创新，这不仅仅是会计改革，也是产权与会计的融合。

二、产权理论与会计学结合的现实意义

以往对会计假设的学习是在已经存在的单位会计制度的基础上，运用产权理论的基本原理动态地看待产权和会计的关系。同时，产权理论中的交易费用观点认为单位是一种契约关系的链接，其目的就是节约交易费用，而会计是为了保护这些契约关系。因此，把产权作为会计的研究对象不失为一个好办法。

把产权作为会计的研究对象也能够解决我国存在的一些现实问题。例如，政府经济职能和行政能力交叉重叠，就不可避免地导致政府在对市场行使经济调控职能的同时会带有行政干预色彩，从而使市场不能作为媒介对社会资源进行有效合理的配置。这些都是产权关系模糊导致的，只有明晰了产权关系，才能保证会计活动规范运行、会计信息有效生成。产权理论和会计学的融合是一个动态过程，会计制度则是产权主体博弈后达到纳什均衡后产生的。在社会主义市场经济不断完善的情况下，将会计理论界作为会计制度博弈中的中介角色

是非常好的建议。理论界通过政府授意和实务界的信息反馈得出综合意见来制定和修订会计法规，可以防止我国会计制度的纯政府模式和理论与实务的脱节，从而使会计制度达到纳什均衡的状态。

会计反映了同时代的产权关系和产权结构，会计改革也必然朝着产权改革的方向进行。会计学与经济学的结合有益于探索中国的过渡会计学，同时也启发我们在看待事物时要从多角度究其本质。随着我国市场化进程的加快，笔者相信，会计制度必然在产权博弈下达到纳什均衡，满足不断发展的社会需要。

第二章　财务会计的理论基础

第一节　当代财务会计的发展

进入 21 世纪，随着我国经济的快速发展，互联网在我们生活的各个领域中都有应用，财务会计也不例外。计算机技术和网络技术的应用，促进了财务会计行业的信息化。在企业的发展中，财务会计业务发挥着重要的作用，而企业相关管理人员对财务会计也越来越重视，促使财务会计稳步发展。

一、当前财务会计的发展现状

（一）财务会计供给的个性化

在我国传统的财务会计模式下，企业的领导者、管理层以及其他利益相关者为财务会计的主要控制人，财务会计主要以报表的形式提供相应会计服务和需求。但随着互联网以及信息技术的不断发展，财务会计发生了很大的变化，变得越来越个性化，财务会计可以根据不同的使用需求提供不同的财务信息服务。使用者也可以将财务会计中的数据单独地分离出来，根据自身的需求进行加工处理。

（二）财务会计信息的质量不断提升

在互联网技术未应用之前，有关财务会计的信息主要是由人来完成的，通过工作者判断以及传统的手工编制。这样很容易出现蓄意操纵任务和人为错误等问题，进而引发严重的会计失真。随着社会的发展进步和互联网技术的出现和应用，会计信息的可靠性得以有效提高。例如，互联网技术在税务和会计中的应用，可以最大限度地减少人为欺诈和由人为因素产生的信息错误。

（三）财务会计工作效率不断提高

在以前的会计工作中，会计人员往往需要花费大量的时间和精力来完成这种简单而重复的人工收费工作，这不仅会增加员工的工作量，还难以推动财务工作的进步。但智能会计软件自动生成技术的应用，能在很大程度上提高会计处理的速度和效率。此外，人工智能的数据处理能力非常强。它不仅可以对财务数据进行深入挖掘和处理，还可以创建数据库，实现数据跟踪和分析，同时可以建立多种类型的数据模型，并在多种约束下对会计信息进行综合分析，从而改变获取原始信息难度高的问题，促使财务信息更加理想化和智能化。

二、当前财务会计发展存在的问题

（一）财务会计主体虚拟化

在电子商务快速发展的背景下，财务会计发展所面临的首要问题是会计信息的真实性受到会计主体的虚拟性的影响。由于网络电子技术和电子商务的迅猛发展，金融会计的虚拟化趋势越来越明显。电子商务的在线交易通过一个虚拟网络实现。这种交易是网络会计虚拟模式，是一个模糊的状态。虚拟电子商务网络会计实体由信息用户管理。随着市场的变化、信息平台的变化，各种会计数据信息也随之变化。但是，在线电子商务的会计决策没有明确的物理经济单元，这导致决策行动者空缺。

（二）财务会计风险被放大

目前，我国大多企业已经开始实施无纸化电子贸易合作，合同的签订、交易条款的谈判、交易信息的处理等都是通过网络来完成的，大多数商业交易会计数据只能存储在硬盘或可移动硬盘中，存储的安全性仍有待提高。互联网电子科技也表现出交易的便捷性和两面性，其在方便交易的同时也增加了信息数据损失和泄露的风险。因此，新形势下，如何提高存储安全性成为会计发展的重要课题。

（三）财务会计监管系统不够健全

近年来，我国针对企业的财务监督制度还不够完善。据了解，尽管我国企业的财务发展情况得到了较大的发展和进步，但是我国在财务监管方面还存在很大的漏洞，这在很大程度上影响了企业财务管理的健康发展。因此，相关部门要完善财务管理监控体系，充分重视财务管理监控体系的发展，使之符合现代金融发展的趋势，符合现代社会发展的趋势，从而有效避免财务管理中出现的问题。

（四）财务会计人员专业素质不高

除上述问题外，财务人员的专业素质不高也是影响我国财务会计发展的一个重要因素。根据相关调查，社会上一些企业的财务人员招聘制度并不严谨，且随着社会经济的快速发展，财务会计人员队伍的专业知识储备也不能随时与当代企业财务发展的需要保持一致。

三、现代财务会计发展对策

（一）强化对会计虚拟化的监管

现代网络技术的发展和应用使得财务会计有了一定的虚拟性，会计信息使用者的多样化对会计信息的质量和成本控制提出了更高的要求。随着信息技术的快速发展，对财务会计虚拟化的监管在企业未来的发展中发挥着越来越重要的作用。

（二）强化财务会计网络风险管理

确保互联网安全建设的有效性，对于信息化时代财务会计的转型与发展至关重要。网络财务会计的发展需要企业会计信息软件的改进。具有完整功能和稳定性的互联网金融软件，可以有效地提高财务数据信息网络化处理的有效性。在互联网背景下，我国网络会计的整体水平也在不断提高。为了满足财务会计转型和发展的需要，我们应该建立一个符合企业发展需求的数据库并储备更多、更全面的数据信息。通过创建大型数据库，各种财务数据信息的处理可以更加方便和快速。

（三）完善财务会计管理体系

随着财务会计工作分工日益明确化，完善企业本身的财务监控管理系统是当今企业发展的必然趋势。为了确保企业财务管理的科学性、严谨性、可实施性，对企业管理制度的改进是不可或缺的，这可以有效地避免企业财务损失。要加强电子商务财务管理网络的建设，就要扩大信息流的范围，促进财务信息和数据的流通和共享，支持企业更新数据信息。应针对主要网络平台的特性建立目标网络系统，并逐步实现网络会计和实体财务会计的整合。一方面，建立企业预防机制是完善企业内部控制制度的重要一环。建立企业预防机制可以提高企业对资金运行的控制能力，使企业了解资金风险，最终提高资金的使用效率。另一方面，企业应完善会计反馈控制制度，这主要涉及对企业内部经济活动的监测。及时有效的监控，能确保及时发现问题，及时纠正预算偏差，有效控制投资的成本。及时发现企业财务会计工作的问题，及时调整工作内容，定期考核财务会计决算，实施奖惩制度，能有效提高财务会计工作的质量。

（四）提高财务会计人员的专业水平

企业要重视对财务会计人员专业技能的培养，提高财务会计人员的整体工作水平，使其不断学习，提高创新思维能力。首先，企业要从自身出发，加大对有丰富金融经验的人员在信息技术方面的培训力度。同时，企业可以开展移动训练项目，积极组织财务管理人员外出培训，这样做的好处是让财务管理人员更全面、更快、更好地了解财务政策，利用相关财务模型处理财务问题。其次，企业需要制定财务管理人员引入机制，通过一系列优惠政策吸引复合型金融管理人才进入。引进财务管理人才可以更好地促进企业的发展，提高企业的整体竞争力。企业要落实这两种措施，使相关计划战略更具针对性和可操作性，为公司的长期发展提供强大动力。

第二节　财务会计的基本前提

财务会计的基本前提，也称财务会计基本假设或会计假设，它是财务会计进行确认、计量和报告的前提，是对财务会计核算所处时间、空间环境等所作的合理设定。财务会计的基本前提包括会计主体、持续经营、会计分期和货币计量。

一、会计主体

会计主体是指财务会计为之服务的特定单位，是会计工作特定的空间范围，即企业财务会计确认、计量和报告的空间范围。为了向信息使用者反映企业财务状况、经营成果和现金流量，提供与决策相关的有用的信息，企业应当对其本身发生的交易或者事项进行会计确认、计量和报告，反映企业本身所从事的各项生产经营活动。明确界定会计主体是进行会计确认、计量和报告工作的重要前提。

在会计实务中，只有那些影响企业本身经济利益的各项交易或事项才能被确认、计量和报告。例如，通常所讲的资产、负债的确认，收入的实现，费用的发生等，都是针对特定会计主体而言的。

会计主体不同于法律主体。一般而言，法律主体必然是会计主体，但会计主体不一定是法律主体。例如，一个企业作为一个法律主体，应当建立财务会计系统，独立反映其财务状况、经营成果和现金流量。但企业集团中的母公司拥有若干子公司，母、子公司虽然是不同的法律主体，但是母公司对子公司拥有控制权，为了全面反映企业集团的财务状况、经营成果和现金流量，企业集团需要作为一个会计主体编制合并财务报表，在这种情况下，企业集团虽然不属于法律主体，却是会计主体。

二、持续经营

持续经营是指在可以预见的将来，企业将会按当前的规模和状态继续经营下去，不会停业，也不会大规模削减业务，会计的出发点是预测企业的经营现状不会改变。在持续经营的前提下，会计确认、计量和报告应当以企业持续、正常的生产经营活动为前提。在这个前提下，各项资产必须按正常的实际成本计价，各项负债和企业的所有者权益，也要按正常情况计价处理。

当一个企业不能持续经营时，应当停止使用这个假设，否则就不能客观地反映企业的财务状况、经营成果和现金流量，并会误导会计信息使用者的经济决策。

三、会计分期

会计分期是指将一个企业持续经营的生产经营活动划分为一个个连续的、长短相同的期间。按年划分的称为会计年度，年度以内还可以分为季度、月度。会计分期的目的在于通过会计期间的划分，将持续经营的生产经营活动划分成连续、相等的期间，据以结算盈亏，按期编制财务报告，从而及时向财务报告使用者提供有关企业财务状况、经营成果和现金流量的信息。

根据持续经营假设，一个企业将按当前的规模和状态持续经营下去。进行会计分期有利于提高会计信息的及时性，满足信息使用者决策的需要。我国企业会计准则规定，企业应当划分会计期间，分期结算账目和编制财务会计报告。会计期间分为年度和中期。中期是短于一个完整会计年度的报告期间。

四、货币计量

货币计量是指会计主体在财务会计确认、计量和报告时以货币为计量单位反映会计主体的生产经营活动。

企业的各种财产物资各有其不同的物质表现形态，计量单位各不相同，如汽车以辆计、船舶以艘计等。在会计工作中，用具有一般等价物性质的货币来统一计量，可以使各类不同的财产物资相加减，可以使收入、费用相配比，这样才能全面反映企业的生产经营情况，所以相关准则规定，会计确认、计量和报告应选择货币作为计量单位。

货币计量也有其缺陷，就是它把那些不能用货币度量的因素排除在了会计系统之外，如企业管理水平、人力资源、研发能力、市场竞争力等。

货币作为一种特殊商品，它本身的价值应当稳定不变，或者即使有所变动，其变动幅度也被认为是微不足道的。如果币值不稳定，以货币计量的会计信息的可信度就会下降。尽管中外会计学者对此问题已经加以重视，但至今尚无好的解决办法。

第三节　财务会计要素

一、财务会计要素的内容

财务会计要素是对财务会计对象的基本分类，分类的基础应服从于财务报告的目标。我国企业会计准则将财务会计要素分为资产、负债、所有者权益、收入、费用和利润。

（一）反映企业财务状况的要素

财务会计以下列公式反映企业在一定日期的财务状况：

$$资产＝负债＋所有者权益$$

1.资产

资产是指由企业过去的交易或者事项形成、由企业拥有或者控制，预期会给企业带来经济利益的资源。资产具有以下特征：

（1）资产是由企业过去的交易或者事项形成的。过去的交易或者事项是指企业已经发生的交易或者事项（如购买材料、生产产品等），也就是说，只有过去的交易或者事项才可能形成资产，企业预期在未来发生的交易或者事项不会形成资产。例如，企业有购买某类存货的意愿，但是购买行为尚未发生，预期可能增加的存货不符合资产的这一特征，也就不能确认为企业的资产。

（2）资产是由企业拥有或者控制的资源。由企业拥有或者控制的资源，是指企业享有某项资源的所有权，或者虽然不享有某项资源的所有权，但该资源能被企业控制。

企业享有资产的所有权，通常会从该项资产中获取经济利益。有些情况下，虽然企业并不享有资产的所有权，但企业控制了这些资产，同样表明企业能够从这些资产中获取经济利益。例如，融资租入的固定资产，尽管企业在租赁期内并不拥有其所有权，但企业控制了该资产的使用及其所能带来的经济利益，故可将其作为企业资产予以确认、计量和报告。

（3）资产预期会给企业带来经济利益。资产预期会给企业带来经济利益，是指资产直接或者间接导致现金流入企业的潜力。例如，企业采购的原材料用于生产经营过程，生产出商品并对外出售后收回货款，即为企业所获得的经济利益。

2.负债

负债是指由企业过去的交易或者事项形成的，预期会导致经济利益流出企业的现时义务。负债具有以下特征：

（1）负债是由企业过去的交易或者事项形成的。负债应当由企业过去的交易或者事项形成，也就是说，只有过去的交易或者事项才可能形成负债，企业将在未来签订的合同等交易或者事项，不会形成负债。

（2）负债预期会导致经济利益流出企业。预期会导致经济利益流出企业，是指只有企业在履行义务时会导致经济利益流出企业的，才符合负债的定义，如果不会导致企业经济利益流出，则该项目就不符合负债的定义。

（3）负债是企业承担的现时义务。企业承担的现时义务是指企业在现有条件下已承担的义务。未来发生的交易或者事项形成的义务不属于现时义务，不应当确认为负债。

3.所有者权益

所有者权益是指企业资产扣除负债后应由所有者享有的剩余权益。它是从企业资产中扣除债权人权益后应由所有者享有的部分。

所有者权益的来源包括所有者投入的资本、直接计入所有者权益的利得和损失、留存收益等，通常由实收资本（或股本）、资本公积、盈余公积和未分配利润构成。其中，所有者投入的资本是指所有者投入企业的资本部分，它既包括构成企业注册资本或者股本部分的金额，也包括投入资本超过注册资本或者股本部分的金额，即资本溢价或者股本溢价。

直接计入所有者权益的利得和损失，是指不应计入当期损益、会导致所有者权益发生增减变动、与所有者投入资本或者向所有者分配利润无关的利得或者损失。其中，利得或损失是指由企业非日常活动所形成的、会导致所有者权益增加或减少的、与所有者投入资本无关的经济利益的流入或流出。利得或损失包括直接计入所有者权益的利得或损失，以及直接计入当期利润的利得或损失。例如，可供出售金融资产的公允价值变动额就是直接计入所有者权益的利得或损失。

留存收益是企业历年实现的净利润留存于企业的部分，主要包括累计计提的盈余公积和未分配利润。

（二）反映经营成果的要素

1.收入

收入是指企业在日常活动中形成的、会导致所有者权益增加的、与所有者投入资本无关的经济利益的总流入。收入具有以下特征：

（1）收入是企业在日常活动中形成的。日常活动是指企业为完成其经营目标所从事的经常性活动以及与之相关的活动。例如，制造企业制造并销售产品、商业企业销售商品、咨询公司提供咨询服务、安装公司提供安装服务、商业银行对外贷款等，均属于企业的日常活动。只有日常活动所形成的经济利益的流入才可以确认为收入，反之，非日常活动所形成的经济利益的流入不能确认为收入，而应当计入利得。

（2）收入会导致所有者权益的增加。由于收入最终会导致所有者权益的增加，因此不会导致所有者权益增加的经济利益的流入不符合收入的定义，不应确认为收入。

（3）收入是与所有者投入资本无关的经济利益的总流入。一般而言，收入只有在经济利益很可能流入企业时才导致企业资产增加或者负债减少，但是，经济利益的流入有时是所有者投入资本增加所致的，所有者投入资本的增加不应当确认为收入，应当直接确认为所有者权益。

2.费用

费用是指企业在日常活动中发生的、会导致所有者权益减少的、与向所有者分配利润无关的经济利益的总流出。费用具有以下特征：

（1）费用是企业在日常活动中形成的。日常活动所产生的费用通常包括销售成本、期间费用等。企业非日常活动所形成的经济利益的流出不能确认为费用，而应当计入损失。

（2）费用会导致所有者权益的减少。与费用相关的经济利益的流出会导致所有者权益的减少，不会导致所有者权益减少的经济利益的流出不符合费用的定义，不应确认为费用。例如，企业偿还银行贷款，尽管也导致了企业经济利益的流出，但该经济利益的流出不会导致企业所有者权益的减少，因此不应确认为企业的费用。

（3）费用是与向所有者分配利润无关的经济利益的总流出。费用的发生会导致经济利益的流出，从而导致资产的减少或者负债的增加。但企业向所有者分配利润也会导致经济利益的流出，而该经济利益的流出属于对投资者投资回报的分配，不应确认为费用。

3.利润

利润是指企业在一定会计期间的经营成果。利润包括收入减去费用后的净额、直接计入当期利润的利得和损失等。其中，收入减去费用后的净额反映企业日常活动的经营业绩，直接计入当期利润的利得和损失反映企业非日常活动的业绩。企业应当严格区分收入和利得、费用和损失，以便更加全面地反映企业的经营成果。

二、财务会计要素的确认与计量

（一）财务会计要素的确认

财务会计要素的确认，是指将某一事项作为资产、负债、收入或费用等正式加以记录并列入财务报表的过程，也就是广义的确认。确认主要解决两方面的问题，一是何时、以何种金额、通过何种账户记录；二是何时、以何种金额、通过何种要素列入财务报告。

我国企业会计准则规定了财务会计要素确认的基本条件，如资产的确认要同时具备以下两个条件：①与该资产有关的经济利益很可能流入企业；②该资产的成本或者价值能够可靠地计量。

负债的确认也要同时满足以下两个条件：①与该义务有关的经济利益很可能流出企业；②未来流出的经济利益的金额能够可靠地计量。

至于所有者权益的确认，主要取决于资产、负债、收入、费用等要素的确认。对于收入的确认，应视不同收入来源的特征而有所不同。例如，企业销售商品收入的确认，应同时具备五个条件，即企业已将商品所有权上的主要风险和报酬转移给购货方；企业既没有保留通常与所有权相联系的继续管理权，也没有对已售出的商品实施有效控制；收入的金额能够可靠地计量；与交易相关的经济利益很可能流入企业；相关的已发生或将发生的成本能够可靠地计量。

对于费用的确认，也应当严格满足三个条件：一是与费用相关的经济利益很可能流出企业；二是经济利益流出企业的结果会导致资产的减少或者负债的增加；三是经济利益的流出额能够可靠地计量。

对于利润的确认，主要依赖于对收入和费用以及利得和损失的确认，其金额的确定也主要取决于对收入、费用、利得、损失金额的确定。

（二）财务会计要素的计量

财务会计要素的计量，是指将符合确认条件的财务会计要素列报于财务报告中并确定其货币金额的过程。这一计量过程由计量单位和计量属性两个要素构成，通常以各国法定的名义货币为计量单位，而不考虑其购买力的变化对企业财务会计信息的影响。

计量属性是指予以计量的某一要素的特性，如房屋的面积、桌子的长度、铁矿石的重量等。从会计角度讲，计量属性反映的是财务会计要素金额的确定基础，按我国会计准则的规定，主要包括历史成本、重置成本、可变现净值、现值和公允价值等。

（1）历史成本。历史成本又称实际成本，即取得或制造某项财产物资时所实际支付的现金或现金等价物。在历史成本计量下，资产按照其购置时支付的现金或者现金等价物的金额，或者按照购置资产时所付出的代价的公允价值计量。负债按照其因承担现时义务而实际收到的款项或者资产的金额，或者承担现时义务的合同金额，或者日常活动中为偿还负债预期需要支付的现金或者现金等价物的金额计量。

（2）重置成本。重置成本又称现行成本，是指按照当前市场条件，重新取得同样的资产所需支付的现金或现金等价物的金额。在重置成本计量下，资产按照现在购买相同或者相似资产所需支付的现金或者现金等价物的金额计量。负债按照现在该项债务所需支付的现金或者现金等价物的金额计量。

（3）可变现净值。可变现净值是指在正常生产经营过程中，以资产预计售价减去进一步加工成本和预计销售费用以及相关税费后的净值。在可变现净值计量下，资产按照其正常对外销售所能收到现金或者现金等价物的金额扣减该资产至完工时估计将要发生的成本、估计的销售费用以及相关税费后的金额计量。可变现净值通常应用于存货资产减值情况下的后续计量。

（4）现值。现值是指对未来现金流量以恰当的折现率进行折现后的价值，是考虑货币时间价值的一种计量属性。在现值计量下，资产按照预计从其持续使用和最终处置中所取得的未来净现金流入量的折现金额计量。负债按照预计期限内需要偿还的未来净现金流出量的折现金额计量。

（5）公允价值。公允价值，是指市场参与者在计量日发生的有序交易中，出售一项资产所能收到或者转移一项负债所需支付的价格。

市场参与者，是指在相关资产或负债的主要市场（或最有利市场）中，同时具备下列特征的买方和卖方：①市场参与者应当相互独立，不存在《企业会计准则第 36 号——关联方披露》所述的关联方关系；②市场参与者应当熟悉情况，能够根据可取得的信息对相关资产或负债以及交易具备合理认知；③市场参与者应当有能力并自愿进行相关资产或负债的交易。

有序交易，是指在计量日前一段时期内相关资产或负债具有惯常市场活动的交易。清算等被迫交易不属于有序交易。

企业以公允价值计量相关资产或负债，应当考虑该资产或负债的特征。相关资产或负债的特征，是指市场参与者在计量日对该资产或负债进行定价时考虑的特征，包括资产状况及所在位置、对资产出售或者使用的限制等。

企业以公允价值计量相关资产或负债，应当假定出售资产或者转移负债的有序交易在相关资产或负债的主要市场进行。不存在主要市场的，企业应当假定该交易在相关资产或负债的最有利市场进行。

主要市场，是指相关资产或负债交易量最大和交易活跃程度最高的市场。最有利市场，是指在考虑交易费用和运输费用后，能够以最高金额出售相关资产或者以最低金额转移相关负债的市场。

交易费用，是指在相关资产或负债的主要市场（或最有利市场）中，发生的可直接归属于资产出售或者负债转移的费用。交易费用是直接由交易引起的、交易所必需的，而且不出售资产或者不转移负债就不会发生的费用。

第四节　财务会计目标定位

一、会计目标定位的观点

（一）决策有用观

随着我国市场经济的进一步发展，企业拥有了更多的投资者与债权者，基于这一现实，相应的委托代理关系也会发生变化，主要由单一逐步向复杂的方向发展，这就意味着企业要为较为分散的投资者和债权者提供及时准确的企业经营状况信息资料，以便投资者和债权者做出正确的投资选择。因此，从资本市场的发展层面而言，会计目标就是对较为分散的投资者和债权者提供及时的财务发展信息，这就是决策有用观。制定决策时要考虑未来发展道路的选择，综合分析未来的投资者与债权者的发展情况。只有这样的决策才能具有实际的操作性与实用性。

（二）受托责任观

随着公司发展模式的不断变革，企业的发展经营权无法与市价的所有权相结合，这就产生了委托代理关系。企业发展的经营权和所有权无法进行有效的结合，说明委托代理的出现使企业的委托方主要关注企业自身资本的扩大，受托方主要负责管理实际的资源利用情况，并将这些情况向委托方报告。委托方依据受托方企业的运营情况做出整体的评价，然后对相应的委托人的实际工作效果进行评估，这就是受托责任观。

二、当前我国财务会计目标的具体构建

（一）企业会计目标的具体定位

财务会计首先需要为企业管理层提供能够良好反映企业发展状况的经济信息。第一，需要提供与投资和信贷相关的准确信息，体现出潜在投资人、债权人以及其他有关投资、信贷的关键信息。第二，提供现金流量数据与未来存量的信息，此类信息可以帮助当前和潜在的投资者、债权人评估企业的股利或股息，销售到期债券或借款清偿等。第三，需要提供企业经济资产、财务状况、经营成果与资源分配、使用的具体情况。在此基础上，财务报告还需要将当年的经济计划完成情况、整体资产的增值或保值情况等向受托者进行展示。财务报告作为企业经济数据的完整呈现方式，是企业在证券市场上的重要考评条件。相关投资者对于企业报表数据的判断可以直接影响后续企业获得融资的机会。

（二）现代企业制度下的财务会计目标

作为现代企业制度的关键，企业法人制度是判断企业模式的重要标准。企业法人制度是现代企业制度的主体。在企业法人制度下，投资者与企业的关系被简化为纯粹的委托者与被委托者间的关系。在当前我国企业中，上市公司占比较小且上市后企业也不能实现资本的完全流通。因此，我国会计工作的目标为向委托人也就是投资者履行自身受托责任，为委托人提供所需的相关信息。

综上所述，财务会计目标并非独立存在于会计行业中，会计目标的制定、实施与会计环境、会计理论、会计职能等有着密切联系。因此，对财务会计目标定位的思考不能局限于某个方面，而要进行多维度、深层次的思考。

三、会计信息质和量的界定

会计主体利益和有关外部利益者的利益是对立统一的，也是促进财务会计产生与发展的基本动力。所以，会计信息的质和量都应该是会计主体和生产运用要素每个全能主体在合作对决的过程中一起界定的，财务会计最终的目标就是保证二者在这种合作对决中均获得利益。

自美国 FASB 的财务会计理念构造发布之后，财务会计理念构造研究就成为财务会计理论的重点内容，构造这个理念的核心思路有两个，第一是将财务会计目标当作起点，第二是将会计假设当作起点。这就说明，要想构造对于会计标准制定以及实物理解发挥指导作用的财务会计理念，一定要先把财务目标的问题解决好。因此，下面将进一步分析财务会计和权利以及会计目标。

不一样的权利主体通过相应权利参与会计质和量的界定。对于财务会计服务对象来讲，不管是对内会计，还是对外会计，都为会计主体相关利益者提供必要的会计信息。当前，会计信息外部运用人员既可以是我国政府部门和债权人以及可能成为债权人的人，也可以是投资者和可能成为投资者的人。在对会计信息的质和量进行界定的过程中，一定要思考外部利益人员的利益，确保外部利益企业总体利益，这对于会计主体本身也十分有利。

第五节　财务会计的作用

在社会经济快速发展的背景下，企业也面临着日益激烈的竞争环境。为了更好地适应市场环境变化，企业要高度重视经济管理工作。财务会计是经济管理中不可或缺的一部分，其不仅是管理的终端工作，也能够帮助企业决策者在做出决定之前,对企业当前的发展情况做出全面分析,确保各项决策的科学性、正确性。

财务管理工作是企业整个经营管理工作的重要一环,财务会计人员在工作中不仅要对企业财务数据做出妥善处理,还要为企业提供更准确的运营信息,进而在企业经济管理中发挥有效作用。财务会计人员是企业中的应用型管理人才,其地位是举足轻重的。因此,在规划、落实各项经济管理工作时,企业应激发财务会计人员的工作积极性,以此不断提升经济管理水平。

一、财务会计的职能分析

首先是反映职能。作为财务会计最基本的职能,反映职能是随着会计职业的产生而形成的,财务会计通常都会通过确认、记录等环节,将会计主体当前发生、完成的经济活动从数量上反映出来,为企业管理者提供更精准、完整的经济与财务信息。

其次是经管职能。当前,我国有些企业开展的财务会计工作仅停留在算账、保障等层面,难以适应现代企业制度提出的各项要求,因此要想将财务会计经营管理职能充分发挥出来,就必须在传统基础上积极拓展新的领域,构建更完善的财务会计工作模式,以此来提升经济建设水平,推动企业的健康、稳定发展。

二、财务会计在经济管理中的作用

第一,提供科学完善的预测信息。在市场经济快速发展的背景下,企业要想更好地发展,就必须对市场供需情况进行深入调查与研究,并在此基础上制定出科学完善的生产规划、营销方案,不断提升企业产品的市场竞争力。对此,企业需对环境、产品质量，以及市场供需要求、企业宣传等因素做出综合考虑与分析调整，这样才能对企业营销信息做出科学预判。也只有这样才能在产品投产之前，结合产品成本构成制定出最佳的营销、生产方案，真正做到企业经济管理与效益的有机整合，在明确产品价值定位的同时，真正使经济效益最大化。

第二，积极发挥会计的监督职能。这一职能主要是指在开展各项经济活动时，对相应的财务会计计划、制度做出科学监督与检查。这样能够在尽可能减少经济管理漏洞的同时，促进企业经济、社会效益的逐步提高。财务会计可以通过不同渠道来发挥这一职能，如可以通过对企业现金流、各项财务工作进行分析与检查，对企业经济做出科学评估，进而对企业各项生产经济管理活动、成果进行监督。再如，可以通过成本指标来全面掌握单位产品的劳动力消耗情况，或者是结合利润指标来对经济活动成果做出科学评估。

第三，不断提升财务会计信息质量。会计信息质量的高低对财务会计作用是否能够得到充分发挥有着决定性影响，而会计信息的准确、完整性，也直接影响着企业的发展。就目前来看，原始凭证、企业管理部门及其工作机制，以及相应的会计信息体系的完善程度等都会对会计信息质量产生重要影响，对其影响因素的控制主要可以从以下几方面入手：一方面，要不断加大对发票等一系列原始数据的管理力度，形成良好的管理秩序，同时应充分重视《中华人民共和国会计法》等财务会计法律法规的落实，并结合实际情况，制定出科学有效的执行方法，以此来确保财务会计人员的合法权益，为其各项工作的高效有序开展提供有力支持；另一方面，不断加大会计信息系统的建设力度，优化相应工作机制，同时积极挖掘、整合社会各界的监督力量，以此来促进信息质量的不断提升。

第四，不断加强对财务会计人才的培养。人才一直都是企业经营管理发展最根本的动力，而在经济管理中，要想将财务会计的积极作用充分发挥出来，就必须注重高素质、综合型人才的培养与引进，以此来为企业的创新发展提供有力的人才支持。

在知识经济时代，各行业人才的综合素质也在不断提升，财务会计人才在企业发展中有着举足轻重的地位，相对于物质资源来讲，人力资源具有更高的社会价值，因此在经济管理中，企业应采取措施有效提升财务会计人才的综合素质，并进一步优化人力资源配置。

综上所述，不论对哪一行业来讲，财务会计都占据着重要的地位。财务会计对经济管理活动的规划，以及经济效益的提升都有着积极的作用。因此，各企业需要充分重视对财务会计人才的培养与引进，充分挖掘与利用相关资源，确保财务会计的重要价值在经济管理中得到充分发挥。

第六节　财务会计的信任功能

在委托与代理信息不对称的情况下，财务会计信息能够在一定程度上解决信息不对称的问题，财务会计信息也因此在资本市场上发挥着重要的作用。财务会计信息中准确、详尽的关于投资项目的信息有助于投资者做出正确的判断，并据此做出正确的投资决策，这一作用通常被称为财务会计信息的投资有用性或者是定价功能。另外，在代理人与委托人建立委托代理关系后，委托人可以要求代理人提供相关的财务会计信息，这有助于委托人对财产安全进行评估，并以此来约束代理人，财务会计信息的这一功能被称为契约有用性或是治理功能。因此，不难看出，财务会计的信息功能不仅能在一定程度上解决信息不对称问题，还能够实现定价与治理功能，这已经在大量研究中被证实过了。

然而，财务会计的信任功能仍然不够清晰明了，在探讨财务会计的信任功能时，我们可以从多方面入手，如财务会计为何具备信任功能、外部因素对财务会计的影响以及制度对财务会计的影响等。

一、财务会计信任功能的概念及理论基础

财务会计的信任功能，重点在于财务会计和信任两个方面。财务会计属于企业会计的一个分支，通常是指通过对企业已经完成的资金运动进行全面系统的核算与监督，为外部与企业有经济利害关系的投资人、债权人以及政府有关部门提供相关的企业财务状况与盈利能力等经济信息的经济管理活动。显然财务会计不仅指产出结果，还包括产出过程，交易事项经特定处理后经过外部审计才能成为公开信息，这一最终信息被称为财务会计信息。在现代企业中，财务会计还是一项重要的基础性工作，能为企业的决策提供重要的相关信息，并能有效地提高企业的经济效益，促进市场经济的健康有序发展。

信任是一个抽象且复杂的概念，涉及范围较为广泛，且通常被用作动词，信任总是涉及信任主体以及被信任的客体，由主体决定是否信任客体，然而在实际过程中，主体决定是否信任客体的条件无法控制，因此主体只能单方面期待客体有能力且遵守约定为主体服务。本节中的信任只包括主体、客体、能力以及意愿，即主体信任客体有能力且有意愿为主体服务，这便是本节所讲的信任功能。

信息不对称问题是委托代理关系中必然会出现的问题，信息不对称作为一个普遍存在的问题，通常会导致逆向选择问题以及道德风险问题，其中多为代理人的不诚信或是委托人不信任代理人。因此，财务会计信息的有效性能够在一定程度上解决信息不对称问题。由此可知，信任才是代理委托关系以及信息不对称这两者的实质性问题。而在代理委托关系下，委托人对代理人不信任是很正常的，委托人作为主体，承担着委托代理关系中的绝大部分风险，故委托人有理由不去信任代理人，因为委托人无法确认代理人是否有能力且有意愿为自己服务。代理人的不诚实以及委托人的不信任会造成信息的不对称，最终导致事前的逆向选择以及事后的道德风险问题，这时财务会计信息就能够发挥其

定价以及治理的功能了。所以从本质上来说，财务会计解决的根本问题是委托者对代理人不信任的问题。

　　财务会计信息作为财务信息处理的流程性记录，在一定程度上具有某些预测价值，能够降低代理人行为上的不可预测性，加深委托人对代理人的信任程度。同时，财务会计信息还能够作为评估代理人能力的参考信息，让委托人对代理人的能力有所了解，以此增加委托人对代理人的信任程度，而且财务会计信息注重分析代理人的能力与委托人利益变化的关系，能够更为有力地证明代理人的实际能力。

　　在委托人与代理人的信任关系中，完全寄希望于代理人自发的意愿来为委托人服务也是不切实际的，无法形成强制性的措施。为此，相关部门可以通过制定对财务会计信息要求的规定来使委托人有一种主动制约代理人的能力，使委托人对代理人的控制建立在明确的基础之上，在增强委托人的控制能力的同时，增进委托人对代理人的信任。契约签订也是约束代理人为委托人的利益服务的重要手段，行之有效的契约使代理人不得不在实际行动上有利于委托人。

二、财务会计信任制度的应用

　　制度的作用通常是威慑和约束代理人的不良行为。例如，相关部门可以针对代理人损害委托人利益的行为做出适当的惩罚，这种惩罚使代理人不得不向委托人提供真实的财务会计信息，同时还约束着代理人的行为，促使代理人不敢侵害委托人的利益。因此，制度的制定也能够提升委托者对代理人的信任。

第三章　会计数据分析和研究

第一节　会计数据加工处理
与财务分析方法

一、会计数据与会计信息

　　数据是指从不同的渠道取得的原始资料。一般来说，数据还不能作为人们判断、得出结论的可靠依据。数据包括数字数据与非数字数据。在会计工作中，从不同渠道取得的各种原始会计资料称为会计数据，比如某日仓库的进货量、金额，某日某零件的生产量，等等。在会计工作中，会计数据通常反映在各种内部和外部会计报表中。

　　会计信息与会计数据是两个紧密联系而又有着本质区别的概念。会计信息是通过对会计数据的处理而产生的，会计数据也只有按照一定的要求或需要进行加工处理，生成会计信息后才能满足管理的需要，为管理者所用。但会计数据与会计信息并没有明显的划分标准。有的会计资料对一些管理人员来说是会计信息，对另一些管理人员来说仅是会计数据，需进一步加工处理才能成为会计信息。比如，某车间某月某部件的成本资料，对车间的管理员来说就是会计信息。但对企业领导来说，他们需要的是企业的成本资料，因此该部件的车间成本资料仅是会计数据，还需进一步处理。

二、会计数据处理

会计数据处理是指对会计数据进行加工处理、生成管理所需会计信息的过程。其一般要经过采集、录入、传输、加工、存储、输出等环节。会计数据处理不仅包括为提供对外报表所进行的一系列记账、算账、报账等工作，还包括在此基础上为提供控制、预测、决策所需会计资料所进行的进一步的处理工作。会计数据处理是会计工作的重要内容之一，也是进行其他会计工作和管理工作的基础。会计数据处理有手工处理、半手工处理、机械化处理、电子计算机处理四种方式，电子计算机处理是指应用电子计算机技术处理会计数据，这种处理方式是本书的主要论述对象。

三、会计数据处理的特点

（1）数据来源广泛，连续性强，数据量大，存储周期长，类型较为复杂。输入时要进行严格的审核。

（2）要求所处理的会计数据的准确性高。

（3）信息输出频繁且信息量大，输出形式多种多样。

（4）环节较多，处理步骤定期重复进行，处理过程必须符合会计制度和政府法规要求，并方便审计。

（5）证、账、表种类繁多，要作为会计档案长期保存，并方便查找。

（6）会计数据处理的安全性、保密性要求高。

（7）处理的结果不仅要满足企业对外报表的需要，还应当满足其他信息需求者的要求。

四、财务分析方法

数据加工是对数据进行各种计算、逻辑分析、归纳汇总，并使之转换为有用的信息的过程。数据加工方法因所处理的对象与所达到的目标不同而千差万别。数据处理与加工方法一般分为变换、排序、核对、合并、更新、抽出、分解、生成八种。这八种操作是数据处理中最基本的加工操作。同时，现代高级数据处理系统已经引入了各种先进的技术手段，如采用预测技术、模拟技术、控制论、运筹学等方法对数据进行更高一级水平的加工。

会计工作的目的之一是提供决策用的财务信息。而财务分析的主要目标有三个：分析公司的获得能力，分析公司的财务状况和偿债能力，分析公司筹资和投资的合理状况。

（一）财务分析的含义

财务分析，亦称财务报表分析，是运用财务报表的有关数据对企业过去的财务情况、经营成果及未来前景进行的评价。财务分析的主要内容是会计报表的分析、财务比率分析和预算分析。

不论是静态的资产负债表，还是动态的利润表和现金流量表，它们所提供的有关财务状况和经营成果的信息都是历史性的描述。尽管过去的信息是进行决策的主要依据之一，但过去未必能代表现在和将来。因此，财务报表上所列示的各类项目的金额，如果孤立起来看，是没有多大意义的，只有与其他金额相关联或相比较才能成为有意义的信息，供决策者使用。而这些正是财务分析所要解决的问题。

对众多信息资料进行收集、整理、加工，形成有用的分析结论，对会计人员来说是一项艰巨的工作，很难只依靠自己来单独完成，而财务分析软件却能轻松做到。财务分析软件里一般都设置了绝对数分析、定基分析、对比分析、环比分析、结构分析和趋势分析多种专门的分析方法，提供了针对经营者、债权人、投资者的分段报表选择、数据资源共享、计划情况分析等功能，使分析工作者能轻松地完成对会计数据的进一步加工处理，及时、迅速、准确地获取有用的信息，为决策提供正确、客观的依据。财务分析的基本原则：趋势（动态）分析和比率（静态）分析相结合，数量（金额）分析与质量分析相结合，获得能力分析和财务状况分析相结合，分析过去与预测未来相结合。

（二）财务分析的基本方法

财务分析的方法灵活多样，需要根据分析对象、企业实际情况和分析者来确定。这里仅介绍几种常用的分析方法。

1.趋势分析法

趋势分析法是根据一个企业连续数期的财务报表，比较各期的有关项目金额，以揭示当期财务状况和经营成果增减变化及其趋势的一种方法。趋势分析的具体方法为：

（1）比较各项目前后期的增减方向和幅度。先对前后期各项目的绝对金额进行比较，求出增或减的差额，再将所求差额除以前期绝对额，求出增或减的百分比，以说明其变化的程度。

（2）求出各项目在总体中所占的比重（百分比），如利润表中以销货净额为总体（100%），资产负债表中分别以资产总额和权益总额为总体（100%）。比较利润表的分析以及比较资产负债表的分析，都使用趋势分析法。

2.比率分析法

比率分析法是指在同一张财务报表的不同项目与项目之间、不同类别之间，或在两张不同财务报表，如资产负债表和利润表的有关项目之间，用比率来反映它们的相互关系，以便从中发现企业经营管理中存在的问题，并据此评价企业的财务状况。分析财务报表所使用的比率以及对同一比率的解释和评价，随着分析资料的使用者的着眼点、目标和用途的不同而有所不同。

3.构成分析法

构成分析法是指以报表或账簿上某一关键项目为基数，计算其构成因素所占项目的百分比。

4.比较分析法

比较分析法是指通过对经济指标在数据上的比较，来揭示经济指标之间数量关系和差异的一种分析方法。主要有绝对数分析法、定基分析法、环比分析法三种形式。

第二节　会计数据综合利用的途径

在现代企业中，会计工作是一项重要的管理工作，财务部门是管理信息的主要部门，会计信息系统提供的信息量占企业全部信息量的70%左右，企业会计电算化系统的建立和会计核算软件的使用，使会计凭证填制与生成、账簿登记、报表生成以及内部控制等都发生了深刻的变化，并产生了丰富的会计数据。如何对这些数据加以综合利用，使之在企业管理、经营、分析、预测和决策中发挥更有效的作用，是企业管理者共同关心的问题，也是会计软件发展的趋势之一。将计算机引入会计工作，大大拓宽了会计数据的利用广度，减轻了会计人员的核算工作量，从而为会计数据的综合利用提供了技术手段的保证。进行会计数据综合利用的途径有：

一、通过会计软件本身提供的数据处理功能进行综合利用

商品化会计软件或者自行开发的会计软件一般都有以下几种功能：

（1）会计业务处理功能。包括会计数据输入、会计数据处理、会计数据输出。

（2）系统控制功能。包括数据完整性控制、数据可靠性控制、数据安全性控制等。

（3）系统操作的简便性和容错性。包括系统的菜单或者对话框应该符合日常的会计核算流程，任何操作都应该有必要的提示，对误操作应该有警告和提示信息。

（4）系统的可移植性。即应满足硬件和操作系统升级的需要。例如，用友 U8 管理软件，由财务、购销存和决策三部分组成。各部分相对独立，其功能基本能满足用户的管理需要。同时，该软件增加了计划、控制、分析、预测、决策功能，实现了会计软件从事后核算到对过程控制的转变和财务与管理的一体化。该软件还提供了应收、应付款管理，资金占用、信贷管理、成本计划、预测和核算，项目管理，费用预算控制，采购管理、库存管理、存货管理、工资管理以及固定资产管理等功能。此外，该软件还引入了系统管理功能，可以进行财务分析、数据提取、自定义查询等系统内部数据资源的综合利用，从而变静态管理为动态控制，为预测、分析、决策提供了保证。

二、利用会计软件本身的开放接口进行二次开发

会计电算化信息系统内各子系统之间都存在着数据接口，用以传递各子系统内部的信息。系统依据事先设计好的数据模式，通过计算机，自动采集、加工、处理数据，最后生成传递的数据，并输入系统间的数据接口或加载到另一个系统中去。然而，在实际业务中，不同的用户对数据具有不同的需求。许多会计软件会提供将所有的账簿、报表数据转换成 Excel、FoxPro、SQL Server 以及文本文件等格式的功能，同时提供直接从 SQL Server 中获取数据的方式。这样做一方面有利于用户进行系统的二次开发，另一方面使得会计软件更易于与第三方软件结合，以便充分利用信息资源。如用友 U8 管理软件可以借助系统自由表的链接与嵌入功能，在一个应用程序的文档中包含另一个应用程序创建

的信息。例如，在自由表中插入 Excel 表格、Word 文档等支持链接与嵌入功能的程序。

三、通过财务分析模块实现数据的综合利用

财务分析是指以企业财务报表和其他资料为依据和起点，采用一定的方法，系统分析和评价企业的过去和现在的经营成果、财务状况及其变动，目的是了解过去、预测未来，提供企业集团的辅助决策信息。

财务比率是根据财政部公布的评价单位经济效益的六大类指标体系（共 24 个基本财务指标），并规定其各自相对应的计算公式而得到的。目前，大多数会计软件如用友、金蝶等都设计了财务分析模块，对会计数据进行分析比较，提供的分析功能主要有财务指标分析（包括变现能力比率、资产管理比率、负债比率、盈利能力比率等内容）、标准指标分析、理想指标分析、报表多期分析，以及变动百分比、结构百分比、定基百分比、盈利能力、偿债能力、成长能力等指标分析。分析的结果以报表或图形的方式直观地提供给用户。有些软件还提供了现金收支分析功能，向客户提供现金收支表、现金收支增减表、现金收支结构表等信息。

利用会计软件进行财务分析时，首先要进行一定的初始化操作，用来设定一些基本的分析项目和指标等。然后，指定指标数据的分析日期以及比较日期等时间信息，就可得到相应的分析内容。例如，利用用友会计软件进行财务比率分析时，具体分析操作过程一般包括指标初始、指标调用、指标分析、保存和打印。

（一）财务比率初始化

财务比率指标的数据来源于企业总账系统，初始化的作用在于选定本单位需要分析的具体财务指标，以使指标分析更简洁，清楚地反映分析者的意愿。

操作时,用鼠标双击系统主界面中的指标初始,显示分析指标项目,然后选定具体需要分析的指标,单击某一指标的比率名称完成操作。

(二)分析日期与比较日期选择

在财务分析模块,双击系统主界面中的指标分析,从弹出的"基本指标分析"对话框中进行分析日期与比较日期的选择。分析日期可以按月、季、年进行选择;比较日期有本年年初与任一期两种选择,两者可以同时选中,也可以只选其中之一。选定任一期作为比较日期,即把"选定分析日期"的指标与将要进行比较的某会计年度中某一期进行比较。例如,选择按月分析:分析日期为 2003 年 2 月,比较日期为 2003 年 1 月。

四、利用会计软件中报表处理功能实现财务分析

虽然各会计软件公司纷纷推出财务分析模块,但由于这些模块往往仅限于对资产负债表、利润表等当年信息数据进行分析,财务分析的数据来源比较单一,计算方式有限,所以财务分析工作存在较大的局限性。

可以利用报表处理子系统中报表格式灵活多样、数据来源广泛、计算方式多样等优势,弥补分析软件在综合利用会计数据时功能的不足。

许多软件的报表功能已日趋强大,其不仅能够方便直观地编制报表,而且很容易建立一套会计数据分析和会计数据核算的模型,为会计管理、决策服务。前面介绍的财务分析中的指标、比率均可用报表处理软件得到,利用报表功能甚至可以进行成本分析和生产管理。

利用会计报表进行财务分析的一般步骤为:

(1)设计和确定一种会计数据的分析模型。

(2)进入报表系统,完成报表格式设置,指定报表标题、行列信息等内容。

（3）具体描述报表内容，定义报表项目。

（4）定义每一具体项目的公式，包括取数方式、数据来源、运算公式等信息。

（5）调用报表计算功能，生成分析报表。

（6）打印输出，查询或转出分析结果。

五、通过辅助账管理功能实现数据综合利用

手工会计下，会计核算方法遵循会计准则和会计制度的要求，按照一个会计核算期内初始建账时所设置的科目体系结构进行数据逐级汇总核算。若想按管理所需要的核算模式进行特殊的会计处理，手工会计就有一定的难度。会计电算化后，辅助账管理功能的引入有效地解决了上述问题。辅助账管理，特别是专项核算、台账等功能，是按照"分析核算"和"会计信息重组"的思路进行设置的，即在对日常所设置的会计科目结构体系进行常规会计核算的基础上，由用户根据自己的管理需要，进行"任意"的组合，完成账务数据的交叉汇总、分析和统计，生成不同科目结构的会计核算数据，从而达到多角度分析会计数据的目的，如根据企业的商品、部门、人员、地区、项目等进行专项处理，获得有关的财务信息。

将多种辅助账簿，如专项核算和台账结合在一起，组合为专项核算台账，可对某核算项目的信息进行多方位、即时的数据查询，再利用报表功能对辅助账信息进行重组，以表格或图形的方式提供给用户，更能体现出这一方法的强大功能。

第三节　从会计软件中

获取数据的方法

财务分析的对象是会计数据，如何从会计软件中获得所需的数据，以及如何从不同角度获取数据是进行财务分析的前提。手工会计下，会计数据存放在凭证、账簿和报表等纸介质中，因此获取会计数据只能靠人工摘录、抄写和复制。会计电算化后，传统会计的数据处理方式、存储方式、输出方式发生了根本性变化，系统可以根据企业管理、分析、预测、决策的各种需要，及时、准确地提供丰富的数据源和复杂的计算结果。

一、会计数据源分析

根据会计数据源存放介质和范围的不同，可将会计数据源分为以下五种：

（一）手工会计数据源

各单位在开展电算化时，不可能一开始就建立完整的电算化核算系统，往往是从账务处理、会计报表子系统开始，逐渐向其他子系统扩展，因此在电算化工作起始阶段，会计数据不能完整地从系统内得到，有些数据仍需从手工账簿中获取。

（二）单机环境下的数据源

对于小型企业来讲，会计核算往往在单机中进行。大部分数据存放于本地计算机内，且数据不能共享，获取数据须借助软盘等磁介质。

（三）局域网环境下的数据源

越来越多的单位建立起基于局域网环境的计算机会计信息系统。在局域网环境中，会计核算工作是在由若干个工作站和网络服务器构成的局域网环境中进行的，会计数据保存在本地的网络服务器中，单位内部可实现数据资源共享。

（四）广域网环境下的数据源

随着全球以国际互联网为中心的计算机网络时代的到来，一些大型企业、集团公司、跨国公司纷纷建立广域网环境。在广域网环境下，系统不仅能够即时提供集团公司内部的会计数据，还能提供丰富的外部信息，不少软件已推出了具有 Web 功能的远程查询系统，以访问不同地区的多种数据源。

（五）辅助数据源

财务分析除需要会计信息外，还需要其他的辅助信息，如市场信息、金融信息、政策信息等，系统需要从其他管理系统中，如生产管理系统、物料管理系统、人事管理系统中获取信息。

二、从会计信息源中获取信息的途径

（一）一次输入，多次使用

会计软件的设计者充分考虑了数据的共享和重复使用需求，因而所有的会计数据在一次录入后，均可多次重复使用，如采购单录入后，可直接生成凭证，并转入账务处理子系统；成本费用可以在成本核算中录入，进行成本计算后再通过凭证自动生成，引入账务处理子系统，从而可为会计数据分析模块提供数据源。

（二）查询录入

查询录入是指管理者通过查询和阅读获取数据后，通过人工录入方式将相关数据存入会计管理系统的数据分析文件中。对于没有实现完整电算化的单位而言，这一方式是必不可少的。例如，某单位没有使用固定资产核算模块，若要分析与固定资产有关的数据，就必须从手工账中查阅该信息，并将其录入计算机。

（三）机内取数

运用会计软件或其他计算机应用软件所提供的数据获取工具，直接从存在于机内的账务、报表等模块中读取或生成所需的财务分析数据。这是获得会计数据的主要途径。

（四）利用数据库本身提供的数据转出获取数据

各种大型数据库都提供了导出功能，可以将指定的数据以指定的文件格式转出，不同的数据库的转出功能参见相应的数据库管理手册。有些软件中提供了"查询数据转出"功能，可以直接将查询到的数据转出，供财务分析模块使用。

（五）读取存于机外磁介质或光盘介质中的数据

机外磁介质和光盘介质可用来存放会计源数据和辅助数据源文件。会计软件可自动从这些介质上直接获取数据，并将其存放在财务分析模型中。这种方式适用于单机之间数据的传递。例如，某集团公司欲从各销售网点获取有关销售数据，各网点独立运行单机的销售软件，这时，各销售网点就需要将装有销售数据的软盘送到总公司，由计算机完成自动读取数据的工作。

（六）网络传送

对于局域网络环境来说，财务分析系统可自动从网络服务器上直接获取数据，并将其存入财务分析模型中。例如，在局域网络环境中，不同的会计数据（如账务数据、材料核算数据、固定资产核算数据、成本核算数据等）是由不同的子系统产生的，但最终都存放在服务器上，此时，财务分析系统可自动从网络服务器上直接获取数据。

对于采用广域网络环境的单位来说，各分公司、子公司或基层单位的会计业务处理都在不同城市的计算机中完成，并存放在当地计算机或服务器中。总公司、母公司或上级单位所需的财务管理与决策数据来自下属单位，因此各分公司、子公司或下属单位定期（1天、5天或10天）利用远程通信工具，通过调制解调器、电话线和国际互联网，就可以向其上级单位报送会计数据。上级单位在收到各分公司、子公司或下属单位传送的会计数据后，便可由财务分析系统自动从主网络服务器上或本地硬盘中直接获取数据。

第四节　资产减值准备与会计数据

当前，随着企业资产减值行为不断增多，资产减值准备也受到了社会各界的关注。企业在经营过程中，存在许多不确定的风险，因此在会计核算过程中，企业需要通过严谨的判断指出自身面临的不确定因素，对面临的风险和损失进行充分的估计，保证资产的真实性。

一、资产减值准备概述

在国际会计准则中对资产减值的定义是资产可以回收的资金小于其账面价值。我国会计准则以国际会计准则为基础，通过对企业资产潜在的损失和风险进行审核评估，以资产可能或已经存在的减损现象为根据，定义资产减值准备的概念。

根据相关制度规定，企业需要在一定时期内对其各项资产进行检查，包括固定资产、投资资产等，将资产中可回收金额低于账面价值的计提为资产减值准备。资产减值准备范围较广泛，包括坏账准备、短期投资跌价准备、长期投资减值准备、存货跌价准备等。

综上所述，资产减值准备就是对企业资产净值减项的反映，是对企业经营状况和财务情况的一种反映。企业资产减值准备能够解决资产价值波动问题，对企业的发展非常重要。

二、资产减值准备对会计数据的影响

（一）更真实地反映资产价值和利润

长时间以来，企业资产账面价值与资产本身的价值存在一定差距，资产负债表中的资产存在不真实现象，这样企业的资产损失较多，但是坏账准备计提比例又很低，与实际的情况相违背，允许计提的坏账准备与存在的坏账准备存在较大差别，导致企业会计数据中反映的现象与实际情况不符。部分企业的很多过时存货已经失去价值，但是报表上仍反映其成本价值。有的投资已经失去效益，甚至连成本资金都很难收回，如投资企业已经亏空停业，投资成本损失，报表却无法显示真实的投资状况。对于以上现象，企业可以通过计提资产减值准备反映自身真实的资产状况和利润情况，提高会计信息的可靠性。

（二）坏账准备对企业会计数据的影响

坏账准备的计提方法是企业根据自身实际情况自行制定的，坏账准备计提方法制定后不能随意更改，如果需要更改，就需要在会计报表附注中写明原因。企业的坏账准备比例主要是根据经营经验、债务单位的实际财务状况等相关信息，通过科学合理计算估计的。坏账准备由企业自己调整计提比例，这一点有利有弊。一方面，会计核算正规、资产状况较好的企业能够根据财务报告真实地反映自身的财务状况和经营成果，起到积极作用；另一方面，部分企业会通过调节坏账计提比例来调整企业财务状况，通过调整计提比例来增加当期费用，减少利润，减少当期纳税。

（三）投资减值准备对会计数据的影响

首先，短期投资减值准备。会计准则中规定，企业在短期投资过程中，可以根据投资的资本与市价比较，通过投资比例、投资类型和单项投资进行计提跌价准备，如果其中一项短期投资的比例占整个短期投资的10%以上，就可以单项投资为基础计算其计提跌价准备。会计准则中的规定相对灵活，这就给企业的操控和选择留有了空间，部分企业根据总体、类型或单项的选择来控制利润，使得总体计提跌价损益失去可靠性。其次，长期投资减值准备。根据投资总则要求，企业需要对长期投资的账面价值进行定期和不定期检查，至少每年检查一次。如果由于市场价值的持续下降或投资部门经营状况发生变化而导致其投资项目可回收金额低于投资账面价值，则可以计算可回收金额与投资账面金额之间的差额，以此来作为当期投资的损失。然而，在企业的部分长期投资中，有的投资有市价，有的投资没有市价，企业会根据不同情况通过财务人员对长期投资项目经营状况的判断来采取不同方法计提资产减值准备。从客观的角度讲，每个企业的情况不同，每个财务人员的价值观和专业水平不同，在企业结构不清晰、市场机制不完善的情况下，判断的结果会有所偏差，这会使部分企业利用这一漏洞操控计提资产减值准备。

（四）存货跌价准备对会计数据的影响

企业进行存货跌价准备需要满足一定的条件，主要分为以下几种情况。第一，市场价格持续下降，在未来的一段时间内很难升值。第二，企业在生产产品时，使用的原材料的成本价格高于其销售价格。第三，企业不断进行生产工艺和技术的更新换代，原有的库存材料已经不能满足产品生产的需要，而该材料的市场价格又低于投资的价格。第四，因消费群体减少或消费人群喜好改变，企业所生产的产品的市场需求量减少，导致市场价格降低。第五，其他证据证明该项存货实质上已经发生了减值的情形。当存在上述情况中的一项或几项时，应当对存货进行跌价准备。在相关准则中，存货跌价准备可以进行单个或分类计提，而存货计提状况主要由企业自行判断，这就给了企业一定的自由，同时也给一些动机不良的企业提供了可乘之机。

（五）计提资产减值准备对会计数据的影响

计提资产减值会给会计数据带来负面影响，不能体现会计数据的稳健性。在会计制度的严格要求下，资产减值准备在每个季度末能够合理地预计几项重要资产可能发生的减值准备，同时能够根据规定有效地减少因企业资产计量缺少真实性而产生的资产夸大和利润虚增等现象，进而能够从会计信息上较真实地反映出企业经营状况和财务状况，保证企业财务信息的真实可靠。但是，计提资产减值准备存在较大的随意性，会计人员的主观思想在计提资产准备过程中作用明显，如果没有很好地控制尺度，就很容易产生隐匿资产现象，使企业经营状况和财务状况不能真实地被披露，从而影响信息使用者的利益。

三、资产减值准备在企业会计中存在的问题

（一）计量上存在缺陷

资产减值产生的原因主要是资产账面价值大于可回收价值，其根本原因在于我国会计计量存在缺陷，计量发展存在滞后性。国际上，一般企业采用公允价值计量模式，而我国还采用传统的计量模式，没有统一的计量标准，且在计量方面的制度还不完善，不利于资产减值工作的进行。

（二）财务人员素质不高

资产可回收价值是计提资产减值准备过程中较为重要的依据，财务人员的判断能力和专业水平是资产减值准备确定的关键性因素。当前阶段，我国企业财务人员素质还有待提高，缺乏专业的知识和丰富的经验，没有较好的判断能力，而且企业对财务人员的监督管理相对较松，没有严格的管理制度和管理措施，这些都在一定程度上影响了资产减值准备工作的顺利进行。

（三）监管机制不完善

当前阶段，我国企业资产减值准备监管机制不完善，导致资产减值准备再确认缺少权威性。在会计审计过程中，没有合理的监督管理制度做指导，没有完善的监督管理体制发挥作用，导致会计信息存在虚假现象，不利于企业资产减值准备的良好发展。

四、解决资产减值准备问题的对策

（一）统一计量模式

计量模式不统一导致计量标准多、规则多，使其难以被相关人员控制和掌握，因此我国可以参考国际会计准则的资产减值计量标准，对当前企业发展现状进行分析，并据此制定适合我国的独立的资产减值准则。

（二）提高财务人员专业素质

建立完善的考核制度，提高财务人员的专业素质和能力，通过物质、精神奖励，激发工作人员的工作热情。同时，对财务人员进行职业道德培训，使其树立法律意识，在法律规定的范围内工作；提高财务人员的能力，使其适应当前经济发展形势，在资产减值准备中拥有更精准的判断力，保证资产减值信息的真实可靠。

（三）完善监管机制

首先，良好的监督管理是保障企业资产减值准备有效性的关键。应建立严格的监督管理体制，加强对企业资产减值定期和不定期的审计与监督；通过单独审计提高资产减值准备计提的可靠性，并严格规范财务人员的工作行为，对其进行监督，不断推动我国企业资产减值准备工作的发展。其次，完善的市场机制能够提高财务人员履行自身职责的积极性，为资产减值准备提供可靠保障。目前，我国的市场体系还不够完善，会计信息存在虚假现象，完善市场机制能够保障会计信息的真实性，为企业计提资产减值准备提供真实可靠的数据信息，为推动资产减值准备发展奠定基础。

第四章　财务会计管理模式

第一节　我国财务会计管理模式概述

一、财务会计管理模式的发展过程

财务会计管理作为现代企业发展的关键和命脉所在，对现代企业的日常生产经营及发展起到了非常重要的作用。尤其是在现代企业发展过程中，财务会计管理模式的重要性愈发凸显。企业在国民经济中占据重要地位，合理地优化企业财务会计管理模式是非常有必要的。在财务会计方面，管理模式的发展过程大致经历了两个阶段，第一个阶段是计划经济体制下的管理模式，第二个阶段是市场经济体制下的管理模式。

（一）计划经济体制下的管理模式

从 1949 年到改革开放这段时期我国实行的是计划经济体制。在这个时期，经费的来源主要是各级政府拨款，在执行方面，任何事情都要遵循政府的命令。这种管理模式较为死板，同时又高度集中，难以发挥企业的积极性、主动性。

（二）市场经济体制下的管理模式

改革开放之后，我国逐渐确立了市场经济体制，各个行业都在进行经济体制改革，一些独立法人的主体地位逐渐明确，成为自主发展以及筹资的个体。

在这样的情况下，计划经济体制下的管理模式已经不能满足发展的需要，因此在财务会计方面，企业对管理模式进行了改革，形成了市场经济体制下的管理模式。

二、我国财务管理模式存在的问题

（一）编制预算的方法以及程序不合理

目前，在进行预算的编制时，大多数员工没有参与其中，这就导致大多数员工不认同编制的预算，进而导致管理不能有效地进行或者是在执行的时候出现偏差。要使预算能够获得员工的认同以及支持，就要使员工参与到管理中，使员工成为管理的成员，不再是被动的执行者。在传统的管理模式中，由领导进行统一集中的管理，依据年度财政目标以及工作计划编制预算，在预算的核算方面，由管理人员对员工进行直接安排，整个过程没有员工的主动参与，也就导致在执行预算的时候，员工会在心理上对预算产生排斥。

目前，许多企业以及事业单位通常依据以往预算的执行情况，结合年度收支的增减以及计划的目标编制预算。这种编制预算的方法会导致预算不能有效执行，导致实际的金额与预算的金额之间出现较大的差异，从而使预算失去意义。

（二）过于强调财务的集权

目前，一些企业以及事业单位不能有效处理集权与分权的关系，为了有效防范财务风险而过于强调财务的集权。在企业以及事业单位中，财务的管理权力由领导全面掌握，有的领导不能宏观地制订财务调控以及管理计划，导致在进行管理的过程中，员工的积极性不高。

（三）部门的设置缺乏合理性

依据相关制度，在企业以及事业单位中，财务处是一级财务机构，需要由相关的管理者进行领导，统一管理企业以及事业单位中每一项财务会计工作。但是，从目前的情况来看，有些企业以及事业单位将财权过度下放，经费被分散至每一个部门，没有对财务资源进行统一调配。这些企业以及事业单位中的每一部门只是将本部门利益作为出发点，没有充分考虑企业以及事业单位整体的利益，这就使资金运作缺少统一的筹划和控制，企业预算管理制度难以落实。

三、财务管理模式存在问题的原因

（一）管理的体制方面

一些企业以及事业单位在进行每一项经济活动或制定每一项经济决策时，通常由管理人员自行决定，财务管理部门无法参与其中或参与的程度相对较低。

（二）管理的意识方面

一些企业以及事业单位的领导对于财务会计的管理没有全面的认识，管理的意识非常薄弱，导致企业以及事业单位中其余的部门也不能全面地认识财务会计管理，执行的力度较差，从而无法为经济目标的实现提供有效的保障。一旦企业的生产活动涉及很多利益方，就会使企业财务管理出现混乱，影响企业的稳定发展。

四、对管理的模式进行创新

（一）有效加强预算管理

对预算进行管理是一个持续的改进过程，主要包括编制预算、执行和控制预算以及考核预算。对预算进行编制可以使企业以及事业单位的管理人员对前景进行有效的规划，预算能够为管理人员提供行动的总体计划，避免管理人员在制定决策时缺少标准、没有方向，同时对预算进行编制能够有效改善内部沟通，协调企业以及事业单位中各个部门的行动。通过编制预算，企业能够明确绩效的标准以及目标，管理人员能够对经营的状况以及目标的执行状况进行有效监控。将总体的预算进行分解，在每一个部门进行落实，对预算的标准与目标以及实际的标准进行定期比较，能够及时发现相应的风险以及问题，对预算进行及时的修改或者调整。对员工绩效进行评价的主要标准就是预算，在确定预算之后，管理人员要承担相应的绩效责任。

（二）完善内控制度

内控就是我们通常所说的内部控制。企业以及事业单位为了实现控制的目标，需要通过制度的制定，运用相应的措施，管控以及防范经济活动中出现的风险。从静态的角度来看，企业以及事业单位履行相应的职能，采取相应的措施保障目标的实现就是内部控制；从动态的角度来看，企业以及事业单位履行相应的职能，对实现目标的过程中出现的风险进行规范以及约束的过程就是内部控制。企业以及事业单位的负责人要负责内控制度的建立，采取相应的措施对内控制度进行完善，同时确保制度得到有效实施。

（三）加强固定资产管理

企业以及事业单位要加强固定资产的管理，依据实际情况编制固定资产目录，将固定资产编号，并将重要信息记录下来，如资产的来源、使用的地点、相关负责人、维修记录、改造以及运转等。同时，制定固定的资产修理以及日常维护计划，对固定资产进行定期保养，定期或者不定期地对固定资产进行清查。

（四）明确岗位责任，调动财务人员积极性

企业以及事业单位要依据相关的要求对部门职能进行合理分解，明确岗位职责、工作要求等，同时明确每一个岗位的权限，保证不相容的职务以及岗位可以互相制约以及监督，使制衡机制有效地发挥作用。财务管理人员是企业财务会计管理的重要参与者，他们的业务精度在很大程度上决定了企业财务会计管理工作的成效。因此，要强化以人为本的理念，建立责、权、利相结合的财务运行机制，充分挖掘人的潜能。

（五）完善企业财务会计管理制度

从我国企业财务会计管理制度落实现状来看，实践中还存在着很多问题或不足，这些都是由制度上的缺陷造成的，因此加强企业财务会计管理首先应完善企业财务会计管理制度。现代企业应当认真做好以下三个方面的工作。首先，企业应该适当地加强财务管理。在此过程中，企业的资金调度权、投资权、财务人员任免权等重要的财务会计管理权力应当保留在企业的总机构之中，其他非关键的管理权力，建议适当地下放到下级企业。其次，完善企业内部管控机制。应该保证财务会计管理的主体地位，完善企业内部财务会计信息网络，增强财务管理的质量。最后，开展目标管理。企业应该把绩效考核纳入财务管理中，增强财务人员的工作积极性。

第二节　事业单位财务会计管理模式

一、事业单位财务会计管理存在的问题

（一）财务会计管理制度缺失

健全的财务管理制度不仅能有效地减少财务风险的发生，而且能更有效地促进财务会计管理的规范化。但是，有些事业单位在组建机构之初规范管理的意识相对较淡薄，且一些单位在内部管理上没有一个完善的内控制度，对内部文化的建设也不是很重视。

（二）财务会计人员素质有待提高

由于财务会计人员是整个单位所有资金收入支出的直接管理人，因此有些财务会计人员觉得自己的工作性质优于单位其他工作人员，从而导致财务会计人员心理方面出现了偏差，职业意识不强，对财务会计管理的建设和发展带来负面影响，不利于单位完善内控制度。

（三）领导的财务会计管理意识不强

事业单位存在一定的独特性，部分财务管理者的观念比较陈旧，加之有些事业单位对财务管理者的考核机制比较落后，导致财务管理缺少科学有效的规划，管理无实质性内容，制度形同虚设。比如，部分事业单位划分开财务预算，交由下级职能机构处理，然后简单合并，实际上，职能机构做预算的员工有的缺少专业的财务理论和经验，做出的预算和实际情况差异较大。另外，还有部

分事业单位并没有考虑到职能机构的业务需求，只是通过财务部门集中做出预算，这就使预算与实际相违背。实际上，事业单位财务管理效果不好与财务管理者的思想落后有一定的关系。

二、加强事业单位财务会计管理的措施

（一）创新财务会计管理理念

事业单位要想促进财务会计管理工作的顺利落实，最重要的便是提高对财务会计管理工作的重视程度，创新财务会计管理理念。这种创新的管理理念为：首先，事业单位领导正确认识财务会计管理工作的重要性，促进单位内部各种制度的建设，并尊重每一位员工，加强对他们的继续教育；其次，学习借鉴国内外优秀的财务管理模式，提高财务会计管理的效率和质量；最后，领导应该让每一个部门都积极配合财务会计管理部门的工作，如此才可以使财务会计管理工作顺利落实。

（二）优化财务会计管理机制

管理机制的优化是保障财务会计管理工作顺利开展的基础，为此事业单位应该促进内部评价制度的建立，根据实际工作的开展情况对评价标准加以明确，实现内部评价指标的量化处理。这种方式有利于及时发现工作中的问题，采取更具针对性的管理措施。为了确保评价内部控制的合理性，事业单位需要结合专家认证和自我评价多种评价方式，凸显评价结果的有效价值。

（三）加强预算管理

预算管理是一个持续改进的过程，主要由三个环节构成：预算的编制、预算的执行与控制以及预算的考核。财务管理人员要重视对预算的管理，进行科学化的部门预算编制，对收支明细进行存档，并安排相关人员审查。单位要配合部门的核算，严格控制好时间、项目进出的关系，不能因条件变化而改变预算的目的，若因特殊情况需要追加或调整预算，则要向上级领导申请。

（四）实行会计委派制度

事业单位的财务会计管理部门也是比较容易发生徇私舞弊的地方，为了杜绝这种现象，实现对资金的有效管理，事业单位应该加强对财务工作的监督，实行会计委派制度。比如，管理事业单位的上级部门可以选出专业素质高的财务会计人员，委派他们到事业单位工作，这样他们不仅能够使事业单位的财务会计工作有条不紊地进行，还能够对事业单位中各项财务会计工作进行监督，限制部分领导人的权力，使事业单位的各项财务收支公开、透明。

（五）强化对财务会计工作的审计监督

事业单位的财务管理部门可以单独成立一个审计监督小组。这个小组的职责是熟悉单位的发展环境，针对不同的大环境来对收付实现制做出相应的改变，使其适应环境的变化；定期对财务小组的工作进行审核，不仅要听小组成员的口头报告、书面报告，还要亲自去盘点实物。一旦发现递交的报告和实际情况不相符或出现资金缺口问题，就要及时调查，找出责任人之后，交由法务部门处理。

第三节　学校财务会计管理模式

一、学校财务会计管理模式概述

学校财务会计管理是指学校结合自身财务状况对学校财务进行有效的管理，以达到财政收支相抵的目的。学校对于财务的管理能够保证学校的正常运营，保证学校日常工作的顺利开展，同时也能够保证学生的健康发展。学校对财务进行管理，能有效避免不必要的损失。

正确的财务会计管理方式必定是适应环境并能随环境的变化而不断改变或创新的。在新时代，网络已经存在于人们生活的方方面面，人们的日常工作和学习都与网络息息相关。对于学校的财务会计管理来说，网络技术在给其带来便利的同时，也带来了新的挑战。

二、网络环境下促使传统学校财务会计管理模式改变的因素

（一）目标多元化

在网络环境下，为了自身的发展，学校吸引了大量的外来投资，这就导致学校的财务结构和范围发生了巨大的改变。随着学校财务种类的不断增多，学校的财务管理目标也不再只是与自身有关的目标，而是和所有投资主体有关的多种目标，这使得财务管理的目标朝着多元化的方向发展。

（二）管理对象信息化

传统的财务会计只需要统计学校财务的运营情况。但是，随着计算机技术的应用，学校通过网络来对财务进行统计和管理，各方面的信息对学校的管理产生了重要的影响，学校财务的管理对象也从对资金的管理转变为对信息的管理。

（三）管理方式智能化

在网络环境下，财务人员将资金的使用状况制成表格，通过计算机来进行分享，使每个人能在第一时间看到学校财务的收支情况。这在减少财务人员工作量的同时，也提高了财务人员的工作效率，使学校对于财务的管理更加便利和智能化。

（四）管理结构和方式变化

学校传统的财务管理方式阻碍了学校的进步和发展，限制了学校竞争力的提高。而在信息技术的应用下，学校的管理方式和结构发生了重大的变化。网络财务以互联网技术为基础，以财务管理为核心，将实务管理与财务管理相结合，以实现远程办公、动态核算和在线财务管理。这种变化在提高学校管理手段的同时，也加速了学校的发展和学生的进步。学校只有解决好自身的问题，才能更好地解决与学生有关的问题。在网络财务的引导下，财务管理从学校内部扩展到学校外部。网络技术的应用，对学校财务人员的自身技能也提出了相应的要求，使其能在自觉提升自身技能的同时发挥对学校财务管理的积极作用。

三、学校财务会计管理存在的不足

（一）网络环境下的财务会计管理模式没有达到应有的效果

目前，我国网络技术的应用已经普及化，但是我国部分学校仍然沿用传统的财务会计管理模式，因此网络环境下财务会计管理模式的应用受到了一定的阻碍。这种现象使得学校的财务会计管理模式跟不上时代的潮流，阻碍了学校财务会计管理工作的发展。

（二）忽视了财务信息的应用

随着网络技术的发展，我国已进入信息化时代。我国大部分学校把财务会计工作的重心转移到了网络技术的应用上，忽视了传统的财务信息数据的重要性，财务信息没有发挥出更大的作用。

（三）学校财务会计管理部门的安全意识和防范能力薄弱

部分学校财务会计管理部门面对风险问题的安全意识和防范能力相对薄弱，这就导致学校在遇到突发紧急事件时，难以有效对问题进行处理，导致学校的财务会计管理工作的规范性与可靠性大大降低。

（四）学校财务会计人员缺乏实践能力

在网络环境下，一些学校过分重视对网络技术升级改造的投入，忽视了对财务会计人员相关网络操作实践的培训，从而导致学校财务管理工作在实践环节缺少必要的数据支持，对学校财务管理工作造成了比较大的影响。

四、学校财务会计管理模式在网络环境下创新的具体措施

（一）加速信息化社会建设，提高学校信息化水平

当前我国学校在财务管理过程中最大的挑战是怎样充分利用先进的网络技术来变革学校的财务管理运作模式。从实际情况来看，我国学校之间信息化管理水平有很大差距，这不仅妨碍了学校间的信息沟通交流，也阻碍了学校网络财务会计模式的实施。学校应该把网络技术和先进的管理理念相结合，加快内部组织之间以及学校之间的信息交流和沟通，逐步建立并完善学校内部组织网络，为学校财务会计的网络化发展提供保障。

（二）提高学校在网络环境下防控安全风险的能力

随着财务会计网络化的发展与普及，学校在运营过程中将面临新的风险。但为了促进学校的稳定运营与发展，使学校适应新环境，学校管理部门应提高自身安全防范能力，把网络环境下安全风险防控作为学校财务会计管理工作的重点。具体措施包括：在日常实践工作中对各项重要财务数据信息进行备份；将传统纸质文件及时转化为信息化数据并加密保存；定期设置相关防护系统，提高防控安全风险的能力。

（三）完善学校管理体系中的内控制度，提升学校财务会计管理水平

首先，要想加强内部控制，学校就要营造和谐良好的管理环境，结合信息化技术的高效应用，加强学校的内部审计工作，保证学校各运营环节合规。其次，学校管理部门还需要对内部控制环境进行各项措施改进，建立全新的财务

项目管理制度，不定期对学校内部的各项业务进行审计，使学校内部审计工作可以有效开展，从而促进学校财务管理工作的发展。

（四）政府对学校提供技术培训支持和相关政策法规保障

目前事业型学校的很多业务是在政府提供的网络平台上完成的，如财政预算、财政授权支付、财政直接支付、政府采购等项目。一些学校财务人员对于财政平台上的网络操作不够熟悉，且财政系统不定期的升级改造使得很多财务人员忙于应付，降低了工作效率。因此，政府在建设网络平台的同时应加强对使用人员的培训指导。此外，政府还应当完善财务会计方面的政策法规，为学校财务会计管理的信息化发展提供保障。

第四节　医院财务会计管理模式

一、医院财务会计管理的现状

在信息化时代，信息技术手段在各个行业得到了广泛运用。目前，有些医院已经建立了财务会计管理信息系统，但整体上仍处于初级阶段。有的医院的财务会计管理信息系统没有与其他的医疗信息系统联网，导致各个系统之间的互通合作相对较麻烦，也使信息共享受到了阻碍。在数据管理不完善的情况下，不少医院无法实现"可视化"和"精细化"的管理目标。医院虽然运用了计算机技术进行综合管理，可是涉及范围小，重点也只是对库房的管理，没有真正实现财务会计管理的预期目标，更不用说实现对物流的综合管理了。有些医院无法精准地计算库存周转率和物资耗损，也无法准确地对"采购、使用、领用"

环节进行预算控制，这些都会导致医院不能有效利用物资和设备。

一些医院针对这种现状，提出了绩效考评管理制度。初期，这一制度在一定程度上调动了员工的积极性和管理热情，但是大部分的工作仍处于原始的手工操作阶段，存在着很大的局限性。

二、医院财务会计管理信息化的影响与作用

医院财务会计管理实践离不开价值信息的科学支持，医院繁多广泛的信息成为重要的管理资源。信息流对人流、物流、现金流的调节起到一定的作用，特别是各项优势信息，更是发挥着重要的作用。

（一）规范了医院的财务会计管理

财务会计管理信息化可以使工作人员利用计算机搜集、分类、归纳和汇总信息，利用相关的软件对信息进行分析和整合，最后编制成相应的财务报表，进而为医院提供精准且有价值的参考数据。

（二）提高了工作人员的责任心和工作效率

有的财务会计管理信息系统在登录的时候，会自动记录登录者的名字、操作时间和相关的操作内容，这无形之中就提高了工作人员的能力与责任心，还可以避免偷懒或者工作失误的情况发生。

（三）提高了医院的管理服务质量水平

财务会计信息管理模式减轻了相关工作人员的压力，使他们可以在工作中利用节省下来的时间来提高医疗管理水平，这也能在一定程度上减少医疗纠纷。

三、医院财务会计管理信息化的措施

（一）全面构建预算管理系统

预算管理系统包括对预算编制的审核、对预算实施的管理等。医院的各个科室、部门通过预算管理系统进行合理的预算，可以有效地保证数据的准确性，以此来实现医院财务会计管理的预期目标。

（二）提高财务人员的素质

要想更好地实现医院财务会计管理的信息化，就要定期对相关工作人员进行培训，比如对其业务素质、管理素质进行培训。他们只有不断满足财务会计管理信息化的要求和标准，才能不断提高财务会计管理信息化水平。

（三）加强对财务会计管理系统的安全监控

加强对医院财务会计管理系统的安全监控，落实 24 小时不间断的监控制度，及时发现和处理系统中出现的问题，保证整个系统正常运行。

第五章　财务与会计信息系统维护

第一节　系统维护概述

系统维护是软件生命周期的最后阶段，也是延续时间最长、费用投入最大的阶段。系统维护是指为了保证系统能正常工作，适应系统内、外部环境和其他相关因素的变化而采取的有关活动。系统维护的内容主要有系统软件维护、数据维护、代码维护、设备维护等。

系统维护的目的如下：

（1）维持系统的正常运行。主要工作包括数据收集、整理、录入，机器运行的操作，处理结果的整理和分发，系统的管理和有关硬件维护，机房管理，空调设备管理，用户服务，等等。

（2）记录系统运行状况。这是科学管理的基础，包括及时、准确且完整地记录系统的运行状况、处理效率、意外情况的发生及处理等。

（3）有计划、有组织地对系统作必要修改。系统修改的起因是多方面的，主要包括管理方式、方法及策略的改变，上级的命令、要求，系统在运行中出错，用户提出的改进要求，先进技术的出现等。对系统的任何修改都必须非常小心谨慎，应有计划、有步骤地执行。

（4）定期或不定期地对系统运行情况进行回顾与评价。所谓财务与会计信息系统维护，主要是指对财务与会计信息系统软件和硬件系统的修正、改造工作。应通过系统维护，改正系统存在的错误或不足，完善系统的功能，使系统适应新的环境，保证系统正常运行。

系统维护工作是一项极其重要的工作。这是因为财务与会计信息系统是一个比较复杂的系统，当系统内、外部环境发生变化时，系统要能适应各种人为、机器的因素的影响；当用户在使用过程中遇到一些以前没有发生过的问题，不断提出新的要求和建议时，系统要能通过二次开发予以满足。

系统维护工作也是一项经常性的工作。维护的工作量在财务与会计信息系统工作中所占比例很大，与此相应的是，系统维护费用也很大。财务与会计信息系统的应用对象总是处于动态的变化之中，无论财务与会计信息系统设计得如何周密、完善，其在实施和运行期间都会产生偏差。因此，财务与会计信息系统维护工作伴随着财务与会计信息系统的诞生而产生、发展，直到生命期的终结。具体地说，财务与会计信息系统维护工作出现的原因主要来自以下几个方面：

（1）会计制度、法规的变更。

（2）企业管理方式、方法的改变。

（3）会计处理过程/程序的变化。

（4）用户需求的不断增加。

（5）计算机软、硬件系统的更新换代。

（6）原系统设计得不完善或错误。

因此，财务与会计信息系统的维护包括软件维护、硬件维护和使用维护等。

依据软件维护目的的不同，可将软件维护分为：

（1）纠错性维护，即排除软件在运行中可能出现的错误。

（2）适应性维护，即为适应外界环境变化而进行的修改。

（3）完善性维护，即为扩充功能或完善性能而进行的修改，如增加打印新的分析报表、改进数据组织或处理方法、缩短某个处理的等待时间等。

依据软件维护对象的不同，还可将软件维护分为：

（1）应用软件的维护。若处理的业务、数据或信息量等发生变化，则会引起应用软件的变化。应用软件的维护是系统维护最重要的内容。

（2）数据文件的维护。系统的业务处理对数据的需求是不断变化的，数据文件也要适应变化的情况，进行适当的修改，增加新的内容或新文件。

硬件维护指对计算机主机及其外部设备的保养、发生故障时的修复和为适应会计电算化软件的运行而进行的硬件调整等。

使用维护包括初始化维护、系统环境维护、意外事故维护、计算机病毒的防治等。

第二节　财务与会计信息系统内容

一、工资核算子系统

工资是以货币形式支付给职工个人的劳动报酬，它是根据按劳分配的原则、工资制度以及职工的劳动数量、质量等计算得出的。工资的核算和管理是所有单位的一项基础性工作，是目前我国人力资源管理的主要内容。

（一）工资核算业务概述

1.工资总额的构成

工资总额是指单位在一定时期内直接支付给本单位全体职工的全部劳动报酬总额。目前，国家规定的工资总额主要由计时工资、计件工资、奖金、津贴和补贴以及特殊情况下支付的工资组成。在实际工作中，企业需要从应付工资中代扣职工应交的各种款项，例如代扣职工房租、水电费、工会经费、住房公积金、保险、个人所得税等，因此每月实际支付给职工的个人工资为应付工资扣除代扣款项后的余额。

2.工资核算的原始资料

企业为了进行工资核算，必须建立和健全职工档案、考勤制度、工时和产量完成记录等统计制度。主要的原始资料有工资卡、考勤记录、工时记录等，另外我国工资业务中还需要处理有关水、电、住房公积金、保险等代扣业务的记录。这些记录一般由企业的各职能部门指定专人负责登记，由财务部门根据各项规章制度、奖惩条例来计算职工应得的各种工资，计算各种产品的有关成本，并进行与工资有关的账务处理。

3.工资核算和管理的基本过程

企业工资核算和管理的基本过程主要包括：

（1）编制职工工资单。企业按照劳动工资制度的规定，根据考勤记录、工时记录、产量记录、工资标准等各项记录编制工资单，准确及时地计算职工的应发工资、代扣款项和实发工资。编制职工工资单是工资业务处理的第一步，也是整个工资核算的基础。

（2）编制工资汇总表。财务会计部门将"工资单"进行汇总，编制"工资汇总表"，按规定手续向银行提取现金发放工资，也可由银行代发。

（3）对于不同性质和类型的职工工资支出，要求体现为不同的成本和费用，因此企业要按照收益情况，进行正确的工资分配，如行政管理人员工资、生产车间管理人员工资、生产工人工资、专项工程建设人员工资等。此外，与职工工资相关的应付福利费、应付工会经费和职工教育经费，也需要按照职工工资总额的一定比例计提，并分摊到相应的成本费用项目上。

（4）企业职工发生调入、调出、内部调动或者工资调整时，需要及时处理。

4.工资的会计核算

工资的会计核算主要涉及工资计提和分摊的核算以及工资发放的核算，此外，由于应付福利费、工会经费和职工教育经费与工资关系密切，因此也属于工资核算的内容。不同类型的企业工资业务不完全相同，对应的会计核算也有所区别。

以工业企业为例，工资核算涉及的主要会计科目有应付工资、应付福利费、其他应付款、生产成本、制造费用、管理费用、营业费用、在建工程等。应付工资科目用于反映和监督企业应付工资的计提和结算情况，应付福利费科目用于反映和监督企业应付福利费的计提和使用情况，其他应付款科目用于反映和监督企业应付工会经费和应付职工教育费的计提和结算情况，而生产成本、制造费用、管理费用、营业费用和在建工程等科目则主要用于反映和监督工资、福利费、工会经费、职工教育经费分配的去向。

可以将工资的账务处理概括为以下几种情况：

（1）根据工资结算单、工资汇总表、各种代扣款通知单，作如下应付工资的会计分录：

借：应付工资

贷：银行存款（现金）

其他应收款（如代扣的房租、水电费等）

应交税金——应交个人所得税（代扣的个人所得税）

（2）月末根据应发工资的成本费用分摊表，作如下会计分录：

借：生产成本

制造费用

管理费用

营业费用

在建工程

应付福利费

贷：应付工资

同样，本月计提的应付福利费，也需要根据应付福利费分摊表作相应的会计分录，处理原理同上。

（3）根据应付工会经费和职工教育经费分摊表，作如下会计分录：

借：管理费用

贷：其他应付款

（二）工资核算子系统的特点和目标

1.工资核算子系统的特点

工资数据的核算和管理是所有单位财务会计部门最基本的业务之一。工资核算的实效性强，而对于职工人数较多的企业，工资业务的处理更是一项繁重的工作。这些决定了工资核算子系统具有以下几方面的特点：

（1）数据量大。我国多数企业设置的工资项目较多，因此系统需要管理的原始数据量较大。其中有关姓名、编码、标准工资等每月固定不变的数据需要在系统中长期跨年保存。另外每月变动的数据量也比较大，在进行工资业务处理时的数据修改、输入的工作量也大。

（2）业务处理的时限性、准确性要求高。工资的发放有确定的时间限制，工资问题与职工的个人利益密切相关。因此，必须按企业规定的工资发放时间完成工资业务的处理并保证数据的正确性。

（3）处理业务重复性强，核算方法简单。工资业务的核算方法比较简单，每月进行工资业务处理时只要输入每一职工的有关变动数据即可，有很强的规律性和重复性，便于计算机处理。

（4）与成本核算子系统和账务处理子系统存在数据传递关系。工资核算子系统可以作为一个相对独立的系统来使用，该系统除了进行每一职工的工资管理和统计分析工作，还能将工资分摊的结果以及工资计提和分配形成的转账凭证传递到成本核算子系统和账务处理子系统，从而提高整个会计信息系统数据处理的效率。

2.工资核算子系统的目标

工资核算子系统的目标主要体现在以下几个方面：

（1）能够实现职工档案的管理。职工档案管理是工资核算子系统最基本的管理功能，系统在此基础上能够计算、分摊工资，并进行相关的统计分析。对发生的职工调入、调出或内部调动情况，能够更新职工档案。

（2）能够实现固定工资数据管理。当固定数据发生调整时，能够按不同工龄、不同工资级别等条件进行批量更新处理或针对某一职工的更新处理。

（3）能够及时准确地输入每月变动的考勤记录、工时记录、产量记录、代扣款项。根据工资标准、工资等级等相关规定，正确计算应付工资、代扣款合计、实发工资和个人所得税，编制工资单和工资汇总表。

（4）能够根据职工所属的部门以及工作的性质对职工工资自动进行计提和分摊，并生成相应的记账凭证，以便进行工资费用的账务处理和正确地计算产品的成本。

（5）能够提供上述有关信息的动态查询和打印功能。

二、固定资产子系统

固定资产是指使用年限较长，单位价值较高，并且在使用过程中保持原来实物形态的主要劳动资料和其他物质设备。它是企业进行生产经营活动的物质基础，在企业的资产总额中占有相当大的比重。由于企业固定资产的种类繁多、构成复杂，因此与其他会计核算子系统相比，固定资产核算和管理有其固有的特点。

（一）固定资产核算子系统概述

固定资产管理与总账管理及成本管理密切相关，固定资产的增加、减少、修理、改扩建、折旧、减值都是总账需要反映的内容，折旧费的计提和分配则是成本计算中折旧费的依据。

1.固定资产的管理

固定资产管理可概括为以下几个方面：

（1）固定资产的分类管理。企业一般按经济用途和使用情况对固定资产进行分类管理，可将固定资产分为生产经营性固定资产、非生产经营性固定资产、租用固定资产、未使用固定资产、土地、融资租入固定资产等。对固定资产进行分类管理，有助于了解固定资产的分布和使用情况，此外，不同类别的固定资产适用的折旧方法和政策不尽相同。

（2）对固定资产的来源和去向进行管理。固定资产按来源划分为外购、自行建造、投资转入、融资租入、改扩建、债务重组、非货币交易、增损、盘盈、无偿调拨等。固定资产的来源不同，其计价方法不同，涉及的核算科目也不相同。此外，固定资产在使用过程中，可能因为各种情况而减少，如出售、盘亏、投资转出、捐赠转出、报废、融资租出等，所以企业还要对固定资产的去向进行管理。

（3）对固定资产归属不同使用部门的管理。固定资产投入使用后，分布在不同的部门，因此明确固定资产的使用部门，可以落实责任，有效管理企业资产，同时可以明确固定资产的受益部门，反映折旧费的归属部门和归属科目。

（4）固定资产的折旧管理。固定资产的折旧方法较多，主要包括平均年限法、工作量法、年数总和法、双倍余额递减法等，不同的折旧方法的折旧计算公式不同。

2.固定资产的核算

固定资产的会计核算与固定资产的管理活动息息相关，主要包括固定资产增减的核算、折旧的核算和减值的核算。

固定资产核算涉及的主要会计科目包括"固定资产"和"累计折旧"，这两个科目用于反映和监督固定资产的增减变动情况及已计提折旧的增减变动情况；"银行存款""在建工程""实收资本""长期应付款——应付融资租赁款""未确认融资费用""递延税款""资本公积——接受捐赠非现金资产准备""待处理财产损溢""资本公积——无偿调入固定资产""应收账款"及其他负债科目，用于反映和监督固定资产外购、自行建造、投资转入、融资转入、改扩建、债务重组、捐赠、盘盈、无偿调拨等情况，是增加固定资产时的对应科目；"固定资产清理""长期股权投资"这两个科目用于反映和监督固定资产出售、捐赠转出、报废、融资租出、投资转出等情况，是减少固定资产时的对应科目；"生产成本""制造费用""管理费用""营业费用""在建工程"等科目用于反映和监督折旧费分配的去向；"固定资产减值准备"科目用于反映和监督固定资产减值准备的计提、冲回和转出情况。固定资产的账务处理主要包括以下几种情况：

（1）当固定资产增加时，根据各种原始单据，作如下分录：

借：固定资产

贷：银行存款等

（2）当固定资产减少时，根据各种原始单据，作如下分录：

借：固定资产清理等

贷：固定资产

（3）月末计提折旧时，按使用部门或固定资产类别进行分配，根据各种折旧费用分配表，作如下分录：

借：生产成本

制造费用

管理费用

营业费用

在建工程

贷：累计折旧

（4）在对固定资产减值准备业务的处理中，当应计提的减值准备金额大于已计提的金额时，要补提，作如下分录：

借：营业外支出——计提的固定资产减值准备

贷：固定资产减值准备

当应计提的减值准备小于已计提的金额时，要冲回，作如下分录：

借：固定资产减值准备

贷：营业外支出——计提的固定资产减值准备

（二）固定资产子系统的特点

从对固定资产管理和核算分析可以看出，固定资产子系统与其他会计核算子系统相比较，具有以下几个特点：

（1）数据量大，数据在计算机内保留时间长。每项固定资产不仅需要单独管理，而且为了满足不管理的需要，要求设计较多的数据项，所以固定资产子系统的数据量较大。并且已经淘汰的固定资产数据也需要保留，以保留必要的审计线索。

（2）数据处理的频率较低。除了在系统初始设置时需要输入大量的固定资产数据，在日常业务处理中，一般只需要输入少量的固定资产变动数据、每月计提折旧以及输出报表和统计分析数据，数据处理的频率明显小于其他会计核算系统。

（3）数据处理方式比较简单。固定资产的数据处理主要是折旧的计算和各种统计分析报表的输出。在手工操作环境下，固定资产的折旧计算比较烦琐，但在计算机环境下，只需定义每一项固定资产的折旧方法，每月执行固定资产折旧，系统可自动完成折旧计算过程。

（4）数据综合查询和统计要求较强，数据输出主要以报表形式提供。所以，为了方便用户的使用，系统应该具有允许用户根据企业的需要自定义报表格式的功能。另外，各企业对固定资产的管理要求不同，固定资产卡片的项目也不同，因此系统需要有灵活的自定义固定资产卡片的功能。

（5）与成本核算子系统和账务处理子系统存在数据传递关系。固定资产折旧费用的计提分配是成本核算子系统产品成本计算的数据来源，由固定资产的增减变动、折旧的计提分配、固定资产减值准备的计提和冲回等形成的记账凭证需要传递到账务处理子系统中。

（三）固定资产子系统的目标

可以将固定资产子系统的目标概括为以下几点：

（1）能够对固定资产进行卡片管理。对每一项固定资产都能够按照卡片进行管理，而且能够灵活修改卡片管理的项目。能够按卡片处理增加或减少固定资产，对于减少的固定资产，不能删除，只能进行注销处理。

（2）当固定资产发生变动时，如发生原值的增减、部门的转移、使用状况的变动、折旧方法的调整、工作量的修改、净残值率的调整、类别的调整等，系统应当根据相应的单据，编制变动单进行相关的处理，为下一个期间折旧的计提和分配做好准备。

（3）月末能够根据每项固定资产的折旧方法、所属部门、所属类别，自动计提和分配折旧费用。

（4）能够根据固定资产增减变动、原值变动、累计折旧变动、折旧计提和分配、减值准备计提和冲回等情况，自动生成记账凭证，传递到账务处理子系统，折旧计提和分配情况能够被成本核算子系统调用。

（5）能够根据固定资产管理需要输出各种报表。

三、成本核算子系统

成本是企业为生产产品、提供劳务而产生的各种耗费。在工业企业中，一个必不可少的核算环节就是计算产品、劳务的成本，从而确定销售产品和提供劳务的成本，并与当期的收入配比，这样才能明确当期收入补偿了成本后的收益。对成本进行准确、及时的核算与反映，并进行有效的分析、控制和预测，需要通过会计信息系统中的成本核算子系统来实现。

（一）成本核算子系统概述

成本核算子系统不是一个独立的系统，其核算的数据来源于账务处理、存货、工资管理、固定资产管理等，因此企业在这些环节已实现计算机管理的条件下，可充分利用系统间数据的传递关系，快速、准确、有效地进行产品或劳务的成本核算和管理。但如果这些环节没有实现计算机管理，那么使用成本核算子系统的意义不大。

1.成本管理

成本管理包含极其丰富的内容，有着多样的计算方法和复杂的处理流程，它对于成本的预测、决策、计划、控制、分析等都有一定程度的要求。

（1）成本项目。成本项目包含企业在生产产品和提供劳务过程中消耗的直接材料、直接人工、其他直接费用和制造费用。

（2）成本核算方法。成本核算方法较多，主要包括品种法、分批法、分步法和分类法。成本计算的方法规定了成本核算的四个要素，即成本对象、费用的归集及计入产品成本的程序、成本计算期、生产费用在成品和产品之间的分配。企业要适应生产特点和管理要求，选择合适的产品成本计算方法。

（3）成本核算的一般程序。成本核算一般包含四个程序：一是对费用进行确认，确定产品成本的核算范围；二是将应计入产品成本的各种要素费用，在各种产品之间按成本项目进行归集和分配，计算各种产品成本；三是对产品成本在产品之间进行分配，计算出完工产品成本；四是结转已销售产品成本。通常第一个程序已在账务处理、存货、工资核算、固定资产等子系统中完成，第四个程序在存货子系统中完成，成本核算子系统主要完成第二、第三个程序的处理。处理过程划分为四步：第一，将直接费用归集到各产品中；第二，对间接费用在各部门内进行归集；第三，对归集到各部门下的费用按分配率在不同产品间进行分配；第四，在产品之间进行分配。

2.成本核算

成本核算与上述成本管理活动密切相关。成本核算涉及的主要会计科目包括"生产成本""制造费用"两个科目。生产成本科目下一般设置"基本生产成本""辅助生产成本"两个明细科目，反映和监督企业基本生产成本和辅助生产成本的增减变化情况。"制造费用"科目反映和监督企业生产间接费用的发生和结转情况。

成本核算后需要进行的账务处理包括：

（1）根据制造费用分配单据进行制造费用的结转处理：

借：生产成本——基本生产成本

生产成本——辅助生产成本

贷：制造费用

（2）根据辅助生产成本分配单进行辅助生产成本的结转处理：

借：生产成本——基本生产成本

管理费用

贷：生产成本——辅助生产成本

如果辅助费用采用了交互分配，则需要在辅助成本之间进行结转处理：

借：生产成本——辅助生产成本——明细科目1

贷：生产成本——辅助生产成本——明细科目2

（3）如果成本核算子系统反映的完工产品数量不等于当期存货子系统反映的入库产品数量（其差异主要表现为成本核算子系统依据完工产品日报表汇总的完工数量，而存货子系统依据实际产品入库数量），而存货子系统在结转产成品成本和生产成本时，依据成本核算子系统的单位生产成本和入库数量，那么可能存在完工数量多于产成品入库数量而使生产成本不能完全结转到产品成本中的情况，也可能存在完工数量少于产成品入库数量而使结转的生产成本超过实际完工产品生产成本的情况。对于前一种情况，作如下分录：

借：待处理财产损溢——待处理流动资产损溢

贷：生产成本——基本生产成本

对于后一种情况，作如下分录：

借：生产成本——基本生产成本

贷：待处理财产损溢——待处理流动资产损溢

当然，对于上述问题的处理，也可以采取消除数量差异的方法，即使产成品成本等于完工产品生产成本。

（4）依据产品结构，对不同工序的生产成本进行结转处理。如果某一产品存在多道生产工序，发生了下一道工序直接使用上一道工序的产品，没有经过

存货子系统的情况,应根据工序产品耗用表和单位产品成本数据,作如下分录:

借:生产成本——基本生产成本——A 产品

贷:生产成本——基本生产成本——B 产品

3.成本核算子系统的特点

成本核算子系统具有如下几个特点:

(1)成本计算方法较多。不同的企业有着不同的生产过程、生产工艺和管理要求,因而选择不同的成本核算方法。

(2)成本计算数据流程复杂。由于企业可以使用不同的成本计算方法,确定不同的成本对象,采用不同的计算流程,因而在手工环境下,需要编制大量的中间报表,最后才能计算出成本。在计算机环境下,系统已将各种成本计算方法抽象为一种基本的算法,辅之以完善的产品结构定义和其他属性设置,这能够满足多样化核算的需要。

(3)管理要求高。成本的准确计算不仅能反映企业的存货状况、销售成本和最终利润,而且对于成本的管理和决策、计划和管制、预测和分析都有重要意义。

(4)与其他子系统数据交换多。成本核算子系统计算所需的材料、工资、固定资产折旧和其他生产费用数据,需要从账务处理、工资核算、固定资产、存货等子系统中获取。同时,在成本核算过程中,结转制造费用、辅助费用、盘盈盘亏和工序产品耗用而形成的记账凭证又需要传递到账务处理子系统,成本计算完成后,获得的单位生产成本又是存货子系统核算产成品入库成本的依据。

4.成本核算子系统的目标

可以将成本核算子系统的目标概括为以下几个方面:

(1)适应企业不同生产工艺和特点,提供各种成本核算方法,通过产品结构和工序的定义、各种费用数据来源和分配标准的合理设置,实现成本的正确计算,满足企业成本核算和管理要求。

(2)能够从各子系统中获取成本计算的数据来源,也能够手工输入需要的其他数据来源。

（3）根据成本核算的需要，提供输入工时日报表、完工产品日报表、废品回收表、在产品盘点表、工序产品耗用日报表、完工产品处理表、在产品每月变动约数、分配标准表的功能，为成本计算提供需要的数据。

（4）根据获得的费用数据和各种统计数据，按照不同的成本核算方法，完成归集、分配、再归集、再分配等一系列成本计算过程，获得完工产品单位成本、半成品成本、产成品成本和在产品成本。

（5）根据制造费用、辅助成本、盘亏盘盈、工序产品耗用等结转单据，自动生成记账凭证，传递给账务处理子系统；成本计算得出的单位产品成本传递给存货子系统。

（6）提供各种成本管理信息。

（二）成本核算子系统数据处理流程

成本核算子系统的业务包括以下内容：

（1）根据存货、工资、固定资产和账务处理子系统取得成本核算需要的各种费用数据，通过手工输入其他费用数据，据此生成各种费用表，作为成本计算的数据来源。

（2）根据输入的生产统计数据、各种费用表和特定的成本计算方法，进行成本计算，获得完工产品单位成本、半成品成本、在产品成本和各种费用结转记录。

（3）完工产品单位成本可传递到存货子系统，作为存货成本计算依据；各种费用结转记录自动生成凭证，并传递到账务处理子系统。

成本核算子系统需要输入和处理的数据分为两类，一类是业务数据，另一类是成本核算的基础数据。成本核算的基础数据包括成本核算方法选择、数据精度设置、产品结构定义、工序定义、产品属性定义、部门档案设置、分配率定义、定额管理等，这类数据需要在系统初始化过程中设置。

（1）在启用成本核算子系统时，首先需要进行初始化设置，包括部门档案设置、存货档案设置、产品结构定义、工序定义、产品属性定义、费用明细与总账接口设置、各种分配率定义、定额管理及建账期余额录入等，这些提供成本计算的基础数据存入基础信息表中。

（2）执行从相关子系统获取数据的功能，获取成本计算所需的各种费用数据，其他费用可通过手工输入录入。这些费用数据存入费用汇总表中。生产统计资料也需要输入系统，包括工时日报表、完工产品日报表、废品回收表、在产品盘点表、工序产品耗用日报表、在产品每月变动约当数等，这些生产统计数据输入系统后，存储于生产统计表中。

（3）根据费用汇总表、生产统计表、基础信息表进行成本计算，计算结果存储于成本计算表和费用结转表中。由于成本计算是一个归集、分配、再归集、再分配的过程，所以成本计算时需要调用成本计算表和费用结转表中已计算出的结果。

（4）根据成本计算表获得的完工产品单位成本传递到存货子系统中，根据费用结转表生成机制记账凭证，传递到账务处理子系统中。

（5）根据费用汇总表、生产统计表、基础信息表以及成本计算表和费用结转表输出成本管理和分析预测所需要的各种报表。

（三）成本核算子系统主要功能模块

成本核算子系统的功能模块一般设置有系统初始化、业务处理、账表输出、自动转账和系统管理。

1.系统初始化

成本核算子系统的初始化主要完成系统参数设置、部门档案设置、产品结构定义、产品属性定义、工序定义、与总账接口定义、分配率管理、定额管理等。按成本核算原理，可将这些设置分为成本中心、成本对象、成本费用项目、分配率、成本核算方法、定额管理等的设置。其中成本中心可具体为部门档案和工序设置，成本对象可具体为产品结构、产品属性定义。

2.业务处理

业务处理包括费用数据的获取和输入、生产统计资料输入、成本计划的制定和成本计算过程。业务处理将依据初始设置进行。

3.账表输出

执行成本计算后，可输出各种与成本相关的账簿、明细表、汇总表、分析表、预测表和计划表。成本核算子系统一般还提供自定义报表功能，用户可根据成本管理要求，设计具体的成本管理报表。

4.自动转账

成本核算子系统需要定义四种凭证：制造费用结转凭证、辅助生产成本结转凭证、盘亏盘盈结转凭证和工序产品耗用结转凭证。记账凭证一般在业务处理过程中自动生成，用户可以查询，当确认结转后，传递到账务处理子系统中。

5.系统管理

系统管理提供保证系统正常运行的各种功能，包括数据备份、数据恢复、系统维护、修改操作口令和系统建账等。

四、会计报表子系统

会计报表是综合反映企业在一定时期财务状况和经营成果的书面文件，是企业经济活动的缩影。在手工条件下，报表的编制时间长、传递方式落后，尽管花费大量的人力和时间，仍然不能满足使用者的需要。报表子系统的产生改变了会计报表编制的程序、方法以及手段，使企业的管理者、债权人、投资者、财政税收部门能够及时、全面、系统地了解企业的经营成果和财务状况。报表处理子系统不仅能够编制各种对外报表，也能够编制各种各样的内部管理报表，以及进行报表汇总和报表合并。

（一）会计报表的基本结构

1.会计报表的分类

会计报表可以按不同的标志进行分类。按报表反映的内容、性质，可以分为财务状况报表、经营成果报表和成本费用报表；按服务对象，可以分为外部报表和内部报表；按编制单位，可以分为单位报表、汇总报表和合并报表；按编制时间，可以分为定期报表和不定期报表；按报表结构的复杂程序，可以分为简单报表和复合报表。对会计报表分类的认识，有助于针对不同的报表，采用不同的方式进行定义、处理和输出。

2.会计报表的格式

每一种会计报表都有其特定的格式，但它们也存在共性，无论是简单表还是复杂表，报表的格式都可以划分为四个部分：标题、表头、表体和表尾。会计报表子系统首先要对报表的格式进行处理，只有在确定报表格式的前提下，才能向规定格式的报表中输入会计数据，进行报表编制处理。

（1）标题。标题用来表示报表的编制日期、编制单位、计量单位等内容。标题可能有一行也可能有若干行。

（2）表头。表头用来表示报表的栏目。栏目是报表最重要的内容，它们决定了报表的基本格式。简单表的栏目只有一层，复合表的栏目可分成若干层，大栏目下包含几个小的栏目，小的栏目下可能还包含更小的栏目。不能再划分的栏目称为基本栏，由基本栏组合而成的栏目称为组合栏。

（3）表体。即报表的主体。表体由若干横向栏和纵向栏构成。横向表格线和纵向表格线将表体划分成若干方格，方格内用于填写报表数据，这些方格称为表单元或表元。表元是组成报表的最小基本单位，每一表元由列坐标和行坐标来确定。在报表编制过程中，计算机就是依靠行列坐标来确定某一表元，从而进行数据处理的。表元属性一般有三种：表样、字符和数字。表样用来描述报表的样式，一般由文字表示，可以是标题、表头和表尾，所以表样实际上是报表格式的一部分，由于表样相对变化较少，因此它在不同会计期间的会计报表中相对固定不变。字符是针对每一张会计报表需要输入的文字，所以定义为字符属性的单元格不能用于数字运算。数字属性的单元能够用来进行数字运算，包括以函数的形式从会计信息系统的其他子系统中获取数据、由本表或其他报表文件中获取数据、直接录入数字。

由若干个单元可组成一个区域，区域是从起点单元到终点单元构成的一个长方形单元阵列。最小的区域是一个单元，最大的区域可以包括整张报表的所有单元。设置区域后，报表处理系统可以同时对区域内的所有单元进行处理。

（4）表尾。表尾是表格线以下进行辅助说明的部分。

标题、表头、表体和表尾是组成报表的基本要素，不同报表的区别在于报表中各要素内容不同。会计报表处理子系统的基本工作原理就是为用户提供设置标题、表头、表体和表尾的功能，即定义报表格式的功能，用户通过这些功能，能够设计满足管理需要的各种会计报表。

（二）会计报表的数据来源

会计报表处理子系统的基本处理思路是：首先进行报表格式设计，即利用报表处理子系统在计算机上注册一个空表，供各会计期编制会计报表使用，它起到一次设置多次使用的目的；其次是进行报表数据处理，就是利用已设计好的报表格式，包括取数公式和计算公式，从账务处理子系统、工资核算子系统、固定资产核算子系统、成本核算子系统中获取数据，自动编制报表。取数公式和计算公式确定了报表的数据来源，取数公式和计算公式也在报表格式设计时完成，报表数据处理功能利用已设计的报表格式，通过修改会计期间，获取本会计期需要编制的会计报表。

1.取数公式

每月会计报表的内容尽管不相同，但会计报表的内涵是确定的，如资产负债表的货币资金本期数总是取现金、银行存款、其他货币资金的本会计期期末余额，报表处理子系统就是通过这一规律来定义取数公式和计算公式的，并且公式一旦定义，就可供各期会计报表编制使用。

取数公式和计算公式在报表格式设计时的每一数字单元中定义。所以，在报表格式设计时，还需要对每一数字单元的数据来源进行定义，以便进行报表数据处理时，计算机能够使用这些取数公式和计算公式自动编制会计报表。

在报表处理系统中，取数公式一般用函数的形式表示，如 QC（"科目代码"，会计期间，方向，账套号）就是一个账务取数函数，表示从某一账套中获取某一会计期间某一会计科目借方或贷方期初余额的计算公式。不同的报表处理系统对函数的表示方式不同，但这些函数所提供的功能和使用方法一般是相同的。一个报表处理系统编制报表能力的高低主要通过系统提供的取数函数是否丰富来体现，函数实际上架起了报表系统与其他系统之间、同一报表文件中不同报表之间、不同报表文件之间以及同一报表内部数据传递的桥梁，所以报表编制者要熟悉报表处理系统提供的函数种类、作用和使用方法，这对高效、及时地编制本单位的会计报表有重要意义。

2.关键字

关键字是报表数据处理和报表查询的一个重要依据，如在公式 QM（"1001"，月，"借"，001）中，"月"就是一个关键字，它并未指明具体的月份，但在报表数据处理时，如果录入了具体月份，公式就取该月份会计科目的期末值，所以计算公式就能够起到一次设置多次利用的目的。关键字还有另外一个用途，就是报表查找，它能够起到在若干张报表中快速定位到某一张报表的作用。关键字一般有单位名称、单位编号、年、月、季、日等，有些报表处理系统还为用户提供自定义关键字的功能，通过该功能，用户能够更灵活地对报表进行处理。关键字一般在报表格式设计时定义，关键字值在报表数据处理时录入。

3.多维报表

确定某一数据位置的要素称为维。在一个平面表上，要确定一个数据，可以通过行号和列号来描述，这张表称为二维表。如果将多张二维表叠加在一起，要找到一个数就需要增加一个要素，一般称为表页，要查找不同会计期间某一种报表中的某一个数据，就要使用表页的概念。如果将不同种类的报表放在一起，要查找某一数据，则要增加表名，如在报表处理系统中，要想查找某一数据，就要确定表名、表页、行号、列号。会计信息系统中报表处理系统一般是一个三维立体报表处理系统。

（三）报表处理系统的种类

目前，国内使用的报表处理系统众多，归纳起来，可分为三类：

1.专用报表处理系统

专用报表处理系统是专门为特定的行业、特定的系统设计的应用程序，它将会计报表的种类、格式和编制方法固化在程序中，专用性强，运行速度快，使用简便。但它的通用性差，当报表需要修改时，就需要修改应用程序。

2.通用报表处理系统

通用报表处理系统是面向大多数用户的需求，采用符合会计制度要求和会计人员的习惯，由用户自定义报表格式,而后生成所需要报表的报表处理系统。通用报表处理系统一般只能在某一会计信息系统中应用。

3.电子表软件

电子表软件具有更强大的数据和图形处理功能，无论是数据分析、统计还是图形处理，电子表软件都能处理。目前常见的电子表软件有Lotus、Excel、CCED等，但这些电子表软件不能直接与会计信息系统相连接，因而限制了这些软件在会计报表编制中的作用。

五、采购与应付子系统

采购是企业价值实现的开始，采购成本对企业最终利润有直接的影响，由采购业务引起的应付账款或预收账款的管理对企业来说是至关重要的。采购与应付核算和管理是企业会计信息系统的重要组成部分。

企业通过采购材料或商品进行生产经营活动。企业的采购一般都是从订单开始的，订单是企业根据市场状况、库存状况或客户的需求向生产厂家或供应商发送的请购单，采购与应付的核算与管理过程就是围绕采购订单进行的管理。在采购材料或商品时，企业一方面要考虑资金的占用，另一方面要减少经营的风险和成本，把库存降低到可接受程度，因而需要制订科学的采购计划，即设计经济采购批量与订购点。目前，计算机及网格技术在企业管理中已广泛普及，企业内部乃至整个供应链的各种信息共享程度越来越高，充分利用计算机技术，制订科学的采购计划，并对采购过程进行科学的管理，已成为许多企业的共识。

采购与应付管理子系统是用于对各种材料物资采购（包括原材料、外购半成品、修理用备件、包装物、燃料、低值易耗品等）或商品的采购、付款业务处理、采购计划制定、会计核算、采购与付款控制等业务活动进行管理的子系统。

由于采购与应付管理与核算存在内在的联系，因此许多会计信息系统将采购与应付作为一个子系统来设计，但也有些会计信息系统将其划分为两个独立的子系统来设计，如将采购子系统、存货管理子系统、销售子系统共同作为分销系统，而将应收、应付、总账等子系统共同作为财务子系统。但是，无论如何划分，采购与应付子系统之间都有密切的联系。

采购与应付子系统和账务处理子系统的关系主要体现在凭证的传递关系上，一般账务处理子系统进行凭证处理和输出应付账款总账，而采购与应付子系统进行往来账的核销和输出应付账款明细账。

六、存货子系统

存货是指企业在生产经营过程中为销售或耗用而储存的各种有形资产，包括库存的、加工中的、在途的各种材料、商品、在产品、半成品、产成品、包装物、低值易耗品等。企业通常需要存储大量的存货，这会占用大量的资金，因此对存货进行有效的核算和管理，并及时、准确地加以反映，需要通过存货子系统来实现。

（一）存货的管理与核算

不论是制造企业还是商业企业，都将存货管理与核算划分为两个部分：一是库存管理，二是存货核算。前者是对存货入库、出库、转库和结存的管理，后者因库存管理形成各种收发存单据的会计核算。二者关系密切，因而作为存货子系统来设计。

存货的管理又划分为实物管理与价值管理两部分。实物管理主要从物流的角度进行管理，即从数量方面对存货收发存的管理。对入库业务的处理主要包括采购入库、产成品入库、其他入库、调拨入库等，对出库业务的处理主要包括材料出库、其他出库、限额领料出库、调拨出库等，对结存业务的处理主要是根据盘亏盘盈表编制其他出库、入库单，以调整期末结存。系统还需要进行安全库存管理、库存最高最低存储量管理、不合格品管理、保质期管理、积压库存管理、与物料需求计划相对应的配比出库管理等。存货价值管理主要从资金流的角度，对存货的入库成本、出库成本和存货结存资金占用进行反映和控制。存货价值管理是围绕各种出库单、入库单和盘点表进行的。但价值的反映具有多样性，存货的计价可以按计划成本法，也可以按实际成本法进行计价，不同的企业可以选择适合的计价方法。

存货的会计核算方法因企业类型、规模以及管理方式不同而不同。一般核算内容包括核算采购存货的入库成本，核算半成品、产成品的入库成本，核算假退货业务的入库成本，核算销售存货的出库成本，核算材料领用的出库成本，核算半成品领用的出库成本，核算盘亏、盘盈的成本，核算存货跌价准备的增减变动和结存，等等。

（二）存货子系统的特点

按照存货管理的核算要求，存货子系统具有如下几个特点：

1. 数据存储量大

由于存货品种繁多，并且每一具体的品种都要求进行收发存的管理，同时，每种存货既要反映数量指标，又要反映价值指标，还要求提供动态和静态存货信息，因此存货子系统需要处理的数据量较大，可以说存货子系统是会计信息系统数据处理量最大的子系统。

2. 数据变化频繁

为了保证生产和销售的顺利进行，存货的收发存业务相当频繁，这导致存货子系统数据处理频率相当高，数据变化相当频繁。

3. 核算内容广泛，核算方法复杂

存货子系统的核算涉及各种原材料、半成品、产成品、包装物等，核算的内容较为广泛。存货的核算方法复杂，既可以按实际成本核算，也可以按计划成本核算。按实际成本核算，又有先进先出法、后进先出法、加权平均法、移动平均法、个别计价法等。按计划成本核算，需要进行成本差异计算与分配。对于存货的处理，当账面价值与实际价值相差较大时，可以采用成本与市价孰低法，按存货项目、存货类别、全部存货对期末存货成本进行调整。

4. 管理要求高

存货管理需要及时、准确地向企业各业务部门提供存货信息，如存货成本、商品销售成本、存货状态表、超储与低储表等。

5. 与其他子系统进行频繁的数据传递

在会计信息系统中，存货子系统是对物的管理，它必然与采购与应付子系统、销售与应收子系统、成本子系统、账务处理子系统存在数据传递关系。它接收采购子系统的采购入库数据，当材料被领用后，又将相关部门、用途、价值的数据传递给成本子系统，在销售过程中，销售子系统需要存货子系统提供的出库记录，而销售子系统提供的销售记录，又是存货子系统的重要数据来源，

而存货子系统收发存价值数据是账务处理子系统的重要数据来源。

（三）存货子系统的核算与管理目标

可以将存货子系统的核算与管理目标概括为以下几点：

1. 及时、准确地进行收发存业务的处理

存货子系统应能够对各种出入库单据进行处理，及时、准确反映存货增减变化情况及结存情况，既要求按数量指标反映，又要求按价值指标反映。

2. 能够支持计划成本核算法和实际成本核算法

存货子系统要求同时提供计划成本核算法和实际成本核算法，使企业能根据核算要求选择某一种核算法。

3. 提供完整的存货账表输出功能。

存货子系统应及时、准确地提供各种存货的总账、明细账等账簿的查询和打印输出功能。此外，存货子系统还要求提供各种存货汇总表、存货资金占用分析表、存货周转表等分析和管理的功能。

4. 反映和监督各生产单位材料的耗用

存货子系统要求正确地计算材料费用，并落实到各生产部门，以反映各部门材料的消耗情况。

5. 应与其他子系统建立标准接口

存货子系统应按管理要求，与其他子系统建立标准接口，既能向其他子系统传递数据，又能接收其他子系统传入的数据。

第三节　系统的转换与初始化

一、系统的转换

系统转换是指将现行会计信息系统向新的会计电算化信息系统转变的过程。财务与会计信息系统通过严格的测试后，就进入系统转换过程。系统转换时需将现行会计信息系统的文件转换到新系统中去；对已调试好的新系统进行加载，准备试运行；把有关资料、使用操作和系统控制权正式移交给用户。

系统转换的最终形式是将财务与会计信息系统的全部控制和使用权移交给终端用户。系统转换的主要内容包括组织机构、人员、设备、处理方式等的转换。一般而言，系统的转换有并行方式、直接方式、试运行方式、分段方式四种。

（一）并行方式

并行方式是指原会计系统和财务与会计信息系统并行运行，在财务与会计信息系统全部投入使用后的一段时间内，原会计信息系统继续运行一段时间，待运行成功后再进行切换。并行方式耗费虽大，却十分安全稳妥。财政部要求，会计电算化系统全部替换原会计系统，会计应用软件要通过评审，并与原会计系统并行运行 3～6 个月，保存完整的与原会计处理相一致的会计业务数据。因此，实务中多采用并行转换方式。

（二）直接方式

直接方式指选择一个适当的时刻正式启动新系统，与此同时，现行会计信息系统停止运行，直接用新的会计电算化系统全面替换手工系统。显然，直接方式的耗费最小，但风险最大。该方式适用于经过较长时间考验、有较大成功把握的情况，而不适用于重要系统的转换。会计电算化系统若选用直接方式进行系统转换，就要准备应急措施，以保证系统转换工作的顺利进行。

（三）试运行方式

将财务与会计信息系统的主要功能与原会计系统并行试运行，直至试运行满意后，才将整个财务与会计信息系统直接投入运行，以替换原会计系统。

（四）分段方式

分段方式是指分期分批逐步以新财务与会计信息系统替代原会计系统，即当新系统的一部分经过一段时间运行并成功以后，再转换该部分现行系统。这种转换方式必须事先考虑好各部分之间的接口，当新系统与现行会计信息系统之间的差别太大时不宜采用。

显然，试运行方式和分段方式是基于耗费与风险的权衡而采取的折中方式。

二、系统的初始化

财务与会计信息系统的初始化工作是指用户根据本单位的具体情况，为会计电算化软件系统设置相应运行环境的工作。单位通过初始化设置，确定本单位的会计核算规则、方法和基础数据，将一个通用软件转化为适合本单位具体情况的专用软件。初始化工作质量的高低，直接影响着会计电算化软件运行状况的好坏。初始化工作主要包括以下内容：

（一）账套设置

所谓账套设置，就是用户依自己的需要建立独立的核算单位。为一个独立核算单位建立的一套独立的账簿体系，称为一个账套。一个企业集团可为各独立核算单位定义若干个账套，并将各个账套组成一个完整的会计核算体系。每个账套均可独立进行科目代码设置、记账凭证输入、记账、结账、报表编制、银行对账等。账套设置是用户启用会计电算化软件所需做的第一项工作。

（二）操作员权限设置

由于工作内容、岗位和职位不同，会计信息系统操作人员的权限也不同。例如，凭证录入人员有权输入、修改凭证，但无权审核凭证，无权修改会计核算的方法，无权变更其他操作员的名称、权限；部门经理有权查询有关账表，却无权更改凭证和账表。操作员权限的设置方案必须认真设计，既要从功能处理权和数据存储权两个角度来设计权限的设置方案，还要将计算机操作系统的安全机制与财务与会计信息系统的操作权限结合起来考虑，否则会给系统运行带来隐患。

（三）会计科目的设置

应依据财政部颁发的会计制度及有关规定，结合企业实际，确定并输入会计科目名称及其编码，建立会计科目名称与科目编码的一一对应关系。凡会计制度已统一规定的科目及其编码，企业不得随意改变，但可根据实际情况自行增设、减少或合并某些科目。会计制度对一级科目进行统一的编码，一级科目由三（四）位数字组成，其最高位的数字规定为整数1、2、3、4、5五个数字，其中，数字1表示资产类，数字2表示负债类，数字3表示所有者权益类，数字4表示成本费用类，数字5表示损益类。编码要做到标准化、通用化，并具有一定的扩充能力，因此一般采用混合编码方式，即一级科目采用分类编码，明细科目则采用顺序编码。

（四）初始余额的输入

账户初始余额的输入，应以原会计系统的账簿为准。在此需要特别提出的是，如果企业财务与会计信息系统的初始化是在年中而非年初进行的，如从8月份开始，那么其账户的初始余额的输入该如何处理呢？对于此种情况，可采用以下两种方法：一是直接以 7 月底的各项数据作为年初始余额输入；二是直接输入原账簿的年初始余额，同时补充输入 1 月至 7 月份的记账凭证。显然第一种方法较省力，但编制会计电子报表时，部分项目数据无法直接从财务与会计信息系统的账册中获取，如资产负债表中的年初数、损益表中的本年累计数等；第二种方法虽正规，但工作量太大。

较为折中的方案是将现行账簿的年初数作为年初始余额输入，同时依次输入各会计科目 1 月至 7 月各月份的累计发生额。

（五）会计报表的公式定义

会计报表是在日常核算的基础上，进一步加工汇总形成的，会计报表是对单位财务状况的经营成果的综合性反映。通用的商品化会计核算软件通常都提供一个功能强大的报表生成器，通过这个报表生成器，系统可完成各种不同种类报表的定义与编制。

会计报表中的各个数据项（表元），是用户根据报表与账表、报表与报表、报表与其他系统之间的关系确定的。在报表生成器中，系统可通过报表公式定义，给出报表编制方法和表间勾稽关系。定义报表编制方法的数学表示，又被称为运算公式，即用于说明表元的数据取自哪些部门、哪些账表，并通过什么运算处理得来的。

一个公式用于定义报表中一个表元的计算或审核方法。一旦报表各表元的公式定义完毕，那么会计报表就可依据公式自动填列，只要报表各表元填列规则不变，该会计报表的定义就可反复使用。

（六）凭证类型和自动转账设置

我国会计实务所用的记账凭证种类，可分为收款凭证、付款凭证、转账凭证三种记账凭证，也可分为现收、现付、银收、银付、转账五种记账凭证，或者无论收款、付款还是转账业务，均只用一种记账凭证。

所谓凭证类型的设置，就是指用户根据企业经营特点及管理需要，从中选择一种分类方案。凭证类型一旦定义并使用，一年之内不能变动，若要修改、调整，就必须等到下一年度的年初。

在转账业务中，特别是在结账时，许多记账凭证是有规律、重复地出现的，这些凭证除了发生额，其他项目如摘要、供货科目、计算方法都基本不变。用户可在初始化时将该凭证的内容存入计算机，并定义为"自动转账分录"，用不同的分录号标明，凭证的借贷发生额由取数策略决定。对于设置为自动转账的业务，只要将"分录号"输入计算机，计算机就会根据事先定义的金额来源或计算方法自动填写相应金额，产生记账凭证。自动转账凭证又称为机制凭证。这些记账凭证，有的在记账时编制，有的在结账时编制。财务与会计信息系统的初始化工作除了上述六项基本内容，还包括非法对应科目设置、外汇汇率输入等内容，若要分部门与项目核算，则还要对部门与项目信息进行设置。

第四节　财务与会计信息系统的
操作权限维护

财务与会计信息系统加工、存储的是企业的重要经济数据，对这些数据的任何非法泄露、修改或删除，都可能给企业带来不可估量或无法挽回的损失，因此无论是对会计电算化还是对企业而言，安全保密性都是至关重要的。

财务与会计信息系统的安全保密工作，通常包括对操作人员使用系统功能的权限设置，以及对操作目标的权限设置两大部分。

一、操作员的权限设置

操作权限设置的作用，一是明确财务与会计信息系统操作员的注册姓名、代码及口令；二是明确特定的注册代码、口令的权限。

任何想进入财务与会计信息系统的用户，都必须输入注册姓名、对应代码及口令，只有在三者完全正确的情况下，用户才能进入财务与会计信息系统，否则将被拒绝。

进入财务与会计信息系统后，用户也只能执行授权（权限）范围内的相关功能，如对财务与会计信息系统中的各种账、表进行的凭证输入、记账、编制会计报表等相应操作。

二、操作目标的权限设置

操作员的操作目标，是财务与会计信息系统记录和表达经济业务数据的各个文件。操作目标的权限设置，就是指对不同类型的文件或目录设置适当的权限，如删除、改名、查看、写入及共享等，以达到保密、安全的目的。对于某个特定的操作目标，一般可进行以下几种权限设置：管理员权限、只读文件权限、建立新文件权限、删除文件权限、修改文件权限、查找权限、修改文件属性权限等。根据用户代码、口令级别的不同，以上权限可全部或部分授予用户。

文件的属性有多种，有些还可对网络用户产生作用。在微软的 FAT 数据格式中，用于保密安全的有下列属性：

（1）只读属性。如果文件具有这种属性，则用户只能读取该文件，但不能修改和删除该文件的内容。因此，与该属性相对的是读写属性，具有读写属性的文件可以被用户读取、写入、改名及删除。

（2）隐含属性。如果文件具有这种属性，则文件不在文件名列表中显示出来，因此不知道该文件名字的用户就不能感知该文件的存在。

（3）系统属性。与隐含属性相似，如果文件具有系统属性，即为系统文件，其就不在文件名列表中显示出来。这样可防止文件被删除或拷贝。

以上各类权限既可单独使用，也可配合使用，在实际中通常配合使用。配合使用时需注意的是，文件属性保密性优先于用户等效权限。以只读属性为例，如果文件是只读文件，则不论用户等效权限如何，用户只能读取该文件，不能写入、改名和删除。

在网络化的财务与会计信息系统应用中，以上诸属性尚达不到系统安全的目的，应当使用微软的 NTFS 数据格式，或其他安全级别更高的操作系统。

第五节　财务与会计信息系统运行维护

财务与会计信息系统运行维护，主要是指为保证系统正常运行而对系统运行环境进行的一系列常规工作或措施，包括外界的物理环境及系统内部环境。

一、系统运行环境维护

财务与会计信息系统可靠运行，首先必须要有良好的外界环境。人们往往对不良环境可能对计算机系统造成的危害认识不足，当计算机发生物理损坏、程序出错、数据丢失、输出结果错误时，我们就需要从计算机运行的外界环境方面找原因。

（一）外界环境的影响因素

计算机所处外界环境的好坏主要取决于供电电源、温度、静电、尘埃四大因素。

1.供电电源

计算机对供电质量和供电连续性要求很严，它要求连续的、稳定的、无干扰的供电，若直接使用普通的工业供电系统给计算机系统供电，则存在以下三个主要问题：

（1）供电线路环境噪声。输电网的电力调节、电力设备的启停、闪电、暴雨等均可产生电噪声干扰和瞬变干扰。据美国的统计，这类干扰占典型供电环境问题的 90%，而计算机 50%的错误是由这类干扰引起的，它轻则使程序出错、数据丢失，重则能击穿计算机的芯片，使机器损坏。

（2）电压波动。电压波动既可以是瞬间波动，也可以是较长时间的过压或欠压供电。如照明灯的忽明忽暗，就是电压波动的表现。无论是瞬间波动还是过压、欠压供电，都会对计算机产生"冲击电压"或"浪涌电压"，使计算机出错或损坏。

（3）停电。停电既可以是供电停止，也可以是瞬间断电。所谓瞬间断电，从宏观上看，供电并未停止，只是在某一瞬间，即在几毫秒内断了电，然后又马上恢复了。对于瞬间断电，人们往往不熟悉，也不容易察觉，计算机对此却十分敏感。无论是突然停止供电还是瞬间断电，都会产生严重的后果，甚至有可能损伤或损坏硬盘。

2.环境温度

不良的环境温度会严重损害计算机的存储器和逻辑电路，加速电子元件的老化。因此，一般计算机禁止在低于 5 ℃或高于 35 ℃的温度下使用或存放。经验表明，温度过高就会大大增加存储器丢失数据和使计算机发生逻辑错误的概率。过低或过高的温度还可能会使硬盘"划盘"，使硬盘遭受损坏。

3.静电

积累在物体身上的静电荷，会对计算机造成严重破坏。人们在地毯上行走可产生高于 1.2 万伏的静电，在正常温度范围内，即使是在乙烯树脂地板上走动也可产生 4 000 伏静电。已得到证实的是，仅仅 40 伏的静电就可使微机产生错误。静电与湿度有密切的关系，如果室内相对湿度低于 40%，静电的危险性就大大增加；如果湿度高于 60%，凝聚的危险就增加，可能引起电子器件短路。

4.尘埃

灰尘不仅是软盘和磁头的大敌，也是其他计算机设备的大敌。

（二）外界环境的改善与维护

为改善、维护外界环境，一般应建设专用机房并安装空调，保持室内清洁和适当的湿度，有条件的还应装防静电地板。对于供电电源，必须做到以下几点：

（1）采用专用干线供电，线路上不安装其他大型用电设备；

（2）计算机应接入同一供电线路或电源，并统一接地，以减少电源相位差所产生的噪声；

（3）各台计算机与终端应装上分开关，以减少使用统一开关所产生的浪涌电压；

（4）在电源后面安装具有滤波和隔离功能的电源稳压器，以抑制瞬变干扰、冲击电压、浪涌电压的危害，使电压稳定；

（5）在稳压电源后面接入不间断电源（UPS），以保证突然断电时有充足时间采取必要的防护措施。

二、系统内部环境维护

所谓内部环境，是指财务与会计信息系统运行的软、硬件环境，如果软、硬件环境不能满足要求或不匹配，系统也不能正常运行。

（一）硬件维护

对企业而言,硬件维护的主要工作,是在系统运行过程中出现硬件故障时,及时进行故障分析,并做好检查记录,在设备需要更新、扩充、修复时,由系统管理员与维护人员共同研究决定,并由维护人员安装和调试。系统硬件的一些简单的日常维护工作通常由软件维护人员兼任,主要工作则由硬件销售商负责。以下是企业中较常见的硬件日常维护工作:

1.硬盘、内存的有关维护

会计电算化软件正常安装、运行需要较多的存储空间,即需要足够大的硬盘空间。在将会计电算化软件安装到硬盘上之前,首先要检查并清除硬盘上的病毒,删除硬盘上不需要的文件、目录(或文件类),重整硬盘文件;其次,在会计电算化软件日常运行时,可通过删除硬盘上保存的已备份过的以前年份的数据来缓解硬盘空间不足的压力,通过关闭一些任务的窗口来释放内存空间。在微软的操作系统系列产品中,要定期对其注册表进行维护,以提高系统的工作效率。

2.打印机、显示器的有关维护

财务与会计信息系统运行中,经常需要对记账凭证、日记账、报表等进行查询和打印。查询结果需要通过显示器和打印机输出。每一种类型的显示器和打印机都有各自的驱动方式。目前,计算机的外部设备大多具有即插即用和热插拔的能力,但对于一些较陈旧的设备,或是比财务与会计信息系统所用操作系统版本更新的设备,系统就不能自动识别。因此,会计电算化软件要想正常运行,就必须选择与之相适配的显示、打印驱动程序。

（二）软件维护

财务与会计信息系统投入运行后,可能需要对系统的功能进行一些改进,这就是软件维护工作。软件维护与数据维护是系统生命周期的最后一个阶段,工作量最大,时间也最长。对于使用商品化会计核算软件的企业,软件维护主要由会计软件公司负责，企业只负责操作与数据维护。财务与会计信息系统数据维护的目的，是使系统的数据映像能够准确地反映企业资金的历史状态、运行状态与现时状态。对于自行开发会计核算软件的企业，需设置专职系统维护员，负责系统的软、硬件维护工作。软件维护主要包括以下内容：

1.正确性维护

正确性维护旨在诊断和改正使用过程中发现的程序错误。

2.适应性维护

适应性维护是配合计算机科学技术的发展和会计准则的变更而进行的修改设置活动，会计软件的版本升级、会计年度初始化、月初始化工作等。

3.完善性维护

为满足用户提出的增加新功能或改进现有功能的要求而对软件进行的修改就是完善性维护。相当多的企业，受财力、人力所限，最初只在会计核算方面实现了电算化，使用一段时间后，人们往往希望将会计电算化范围扩展至会计计划、会计分析、会计决策等方面，这时就必须对原会计电算化软件进行修改和完善。

4.预防性维护

预防性维护主要是为给未来的改进奠定更好的基础而修改软件。

决定软件可维护性的主要因素是软件的可理解性、可测试性和可修改性。在系统维护前，只有理解需维护的对象才能对系统进行修改；在修改后，只有进行了充分测试，才能确保修改的正确性。因此，在系统开发、维护过程中，要保留完整、详细的文档资料。对于商品化会计软件来说，其应用系统的操作功能维护比较困难，一般应由软件生产商来进行。如果对现有系统的维护费用已超出或接近重新开发一个新系统，则应报废现有系统，重新开发一个新系统。

第六节　数据的备份与恢复

通用会计软件系统都能直接在硬盘上存储会计数据。在计算机系统中，数据是为各种应用提供服务的基础，甚至可以说，数据是比计算机设备本身还宝贵的资源。用户最关心的问题就是他们的数据是否安全，以及当系统数据因事故而丢失、破坏或被修改时是否有办法恢复。备份的目的是防止发生意外事故。意外事故不可能经常发生，因此我们使用备份数据的频率并不是很高。正因为意外事故发生的频率不高，所以人们往往忽略了数据备份工作。

一、数据备份

数据备份是为了防止发生意外事故。通常，数据备份是增加数据可用性的基本方法。一般先把重要的数据拷贝到其他物理位置，如软盘、磁带、可拆卸磁盘、光盘等存储介质，当数据遭到意外损坏或者丢失时，再从拷贝的位置把数据恢复到需要的地方。

根据不同的命题，可以对各种备份方法进行分类：

（1）按照备份数据的具体方法分类，有全量备份、增量备份和差量备份；

（2）根据备份时间的不同，可分为即时备份、定时（计划）备份和自动备份；

（3）按照备份过程和系统运行的关系，可分为冷备份和热备份；

（4）根据备份对象的不同，可分为文件备份和映像备份；

（5）根据存储介质的不同，可分为磁带备份、磁盘备份、光盘备份；

（6）根据备份数据的物理位置，可分为本地备份、局域网备份、远程备份、异地备份。

如上所述，有全量备份、增量备份、差量备份三种备份解决方案可供选择。

全量备份就是每次都用一盘磁带对整个系统进行完全备份，包括系统和数据。增量备份就是每次备份的数据只是相对于上一次备份后新增加的和修改过的数据。差量备份是每次备份的数据都是相对于上一次全量备份之后增加的和修改过的数据。

制作数据备份的周期不能太长，一般最长不能超过一个月，重要的数据需要每天备份，这样备份数据就能尽可能地反映系统的最新状态。财务与会计信息系统工作时，在重要业务处理结束时、会计分期终了进行结账前、删除硬盘上的历史数据之前，都必须做数据备份。应制作 A、B 两组备份，并将 A、B 两组备份存放在相隔较远的不同建筑物内，防止火灾等灾害发生后数据备份全部被破坏。备份数据的保存地点应防磁、防火、防潮、防尘、防盗、防霉烂。应采用一些专用设备来保证存储介质的完好，使其免受灰尘、高温、高湿、磁场、碰撞等因素的影响。

对于一些重要的会计数据，如记账凭证，现金及银行存款日记账、总账，要按规定进行硬拷贝备份（打印输出）并存档。

二、数据恢复

将备份数据复制到硬盘上的指定目录下，使系统还原到原有状态或最近状态，就是数据恢复。备份技术本身不仅仅是拷贝数据，更为重要的是解决何时、何地，采用何种方式拷贝何种数据到何种设备上，以及如何恢复等问题。

使用全量备份方式，当事故发生时，只要用灾难发生前一次的数据备份就可以恢复丢失的数据。然而，由于每次都对系统进行完全备份，因此备份数据中有大量重复的数据，如操作系统与应用程序。

使用增量备份方式，既节省了存储空间，又缩短了备份时间。但当发生灾难时，数据恢复比较麻烦，必须首先找出上次的那盘完全备份磁带进行系统恢复，然后再找出以后各次的增量备份介质，依此进行恢复。这种备份的可靠性也最差，各份备份介质间的数据关系一环套一环，任何一份备份介质出现问题，都会导致恢复失败。

使用差量备份方式避免了上述两种备份策略的缺陷，系统恢复时，只需要灾难发生前一次的全量数据备份与灾难发生前一次的差量备份就可以将系统恢复。

拥有数据备份设备，仅仅为我们的数据保护工作提供了必要的物质基础，真正能够使之发挥效能的是完善的数据备份管理策略。备份的核心问题是对数据的管理，可管理性是备份中一个很重要的因素，因为可管理性与备份的可靠性紧密相关。如果一种技术不能提供自动化方案，那么它就不能算好的备份技术。

数据备份系统是一个较为专业的领域，应选择售后服务能力强的备份设备供应商和专业服务商作为合作伙伴。专业知识和经验是设备供应商和专业服务商做好售后服务的重要保障。

值得注意的是，在对系统数据进行恢复之前，必须首先对会计应用系统中的数据进行备份，以保存最新数据。通常，数据恢复功能只允许少数经特定授权的系统维护人员使用。

第七节　计算机系统与网络安全维护

影响计算机系统与网络安全的因素很多，有的来自系统内部，有的来自系统外部。本节主要讨论来自外部的影响因素。来自系统外部的安全隐患主要有计算机病毒和黑客的攻击。

一、计算机病毒的防治

所谓计算机病毒，是指编制的或者在计算机程序中插入的破坏计算机功能或者毁坏数据，影响计算机使用，并能自我复制的一组指令或者程序代码。

计算机病毒一般具有以下特点：

（1）计算机病毒是一个指令序列。计算机病毒是程序，但不是一个完整的程序，而是寄生在其他可执行的目标程序上的程序。

（2）计算机病毒具有传染性。一个计算机病毒能够主动地将其自身的复制品或变种传染到其他对象上，这些对象可以是一个程序，也可以是系统中的某些部位，如系统的引导记录等。

（3）计算机病毒具有欺骗性。计算机病毒寄生在其他对象上，当计算机加载被感染的对象时，病毒即侵入系统。计算机病毒是在非授权的情况下具有一定欺骗性而被加载的，此即"特洛伊木马"特征。

（4）计算机病毒具有危害性。计算机病毒的危害性又称破坏性，包括破坏系统，删除、修改或泄露数据，占用系统资源，干扰系统正常运行，等等。此外，计算机病毒一般都比较精巧、隐蔽和顽固。计算机病毒侵入系统后一般不立即发作，而是经过一段时间，满足一定条件后才发生作用，这就为其自我繁殖和进行破坏争取了时间。

目前，理论上并不存在一种能自动判别系统是否感染病毒的方法，以下是一些计算机病毒发作时的常见现象：

（1）操作系统无法正常启动，数据丢失；

（2）以前能正常运行的软件经常出现内存不足的错误；

（3）通信和打印发生异常；

（4）无意中要求对可移动存储器进行写入操作；

（5）系统文件的时间、日期、大小发生变化，文件目录混乱；

（6）系统文件或部分文档丢失或被破坏；

（7）部分文档自动加密码；

（8）磁盘空间迅速缩小，运行速度明显变慢；

（9）网络驱动器卷或共享目录无法调用；

（10）屏幕上出现一些不相干的信息；

（11）自动发送电子函件；

（12）使主板 BIOS（基本输入输出系统）可实现软件升级的程序混乱，主板被破坏；

（13）出现陌生人发来的电子函件；

（14）网络瘫痪，无法提供正常的服务。

为了加强对计算机病毒的预防和治理，保护计算机信息系统安全，保障计算机的正常应用与发展，根据《中华人民共和国计算机信息系统安全保护条例》的规定，公安部制定了《计算机病毒防治管理办法》（以下简称《办法》）。《办法》指出，计算机信息系统的使用单位在计算机病毒防治工作中应当履行下列职责：

（1）建立本单位的计算机病毒防治管理制度；

（2）采取计算机病毒安全技术防治措施；

（3）对本单位计算机信息系统使用人员进行计算机病毒防治教育和培训；

（4）及时检测、清除计算机信息系统中的计算机病毒，并备有检测、清除的记录；

（5）使用具有计算机信息系统安全专用产品销售许可证的计算机病毒防治产品；

（6）对因计算机病毒引起的计算机信息系统瘫痪、程序和数据严重破坏等重大事故及时向公安机关报告，并保护现场。

《办法》还指出，任何单位和个人在从计算机信息网络上下载程序、数据或者购置、维修、借入计算机设备时，应当进行计算机病毒检测。任何单位和个人销售、附赠的计算机病毒防治产品，应当具有计算机信息系统安全专用产品销售许可证，并贴有"销售许可"标记。从事计算机设备或者媒体生产、销售、出租、维修行业的单位和个人，应当对计算机设备或者媒体进行计算机病毒检测、清除工作，并备有检测、清除的记录。

计算机病毒对信息安全提出了巨大的挑战，特别是近年来，计算机病毒采用的技术越来越高明，并朝着更有效地对抗反病毒软件、更好地隐蔽自身的方向发展。计算机病毒采用的新技术有对抗特征码技术、对抗覆盖法技术、对抗驻留式软件技术、对抗常规查毒技术和其他技术。为了对抗这些日益发展的新型病毒，反病毒软件也必须采用新的技术。目前较为实用的有特征码过滤技术、免疫技术、自身加密的开放式反病毒数据库技术和虚拟机技术等。

对于计算机病毒的防范，一是要在思想上重视、管理上到位，二是要依靠防杀计算机病毒软件。必须建立合理的计算机病毒防范体系和制度，及时发现计算机病毒侵入，并采取有效手段阻止计算机病毒的传播和破坏，恢复受影响的计算机系统和数据。要从加强系统管理入手，制定出切实可行的管理措施，如：

（1）安装病毒检测软件，对计算机系统做实时监控和例行检查；

（2）控制可移动存储器的流动，慎用不知底细的软件；

（3）用户的权限和文件的读写属性要加以控制；

（4）尽量不要直接在服务器上运行各类应用程序；

（5）服务器必须在物理上绝对安全，不能有任何非法用户能够接触到该服务器；

（6）在互联网接入口处安装防火墙式防杀计算机病毒产品；

（7）安装数据保护设备，如硬盘保护卡和加密控制器，保证系统软件和重要数据不被未经授权地修改；

（8）在外网单独设立一台服务器，安装服务器版的网络防杀计算机病毒软件，并对整个网络进行实时监控；

（9）建立严格的规章制度和操作规范，定期检查各防范点的工作状态。

对于当前的病毒威胁而言，最好采用主动病毒防护系统，为网络提供始终处于活动状态、可以实时升级的防病毒软件。当新的病毒出现时，该系统会立即对防病毒软件自行升级。

二、计算机网络安全维护

随着计算机技术的发展，会计软件的运行环境也从单机系统发展到局域网和互联网。但无论是企业单位还是政府部门，只要将计算机系统接入互联网，就会感受到来自网络安全方面的威胁，就有可能遭受来自网络另一端的人为的恶意攻击。这些来自外部的攻击有可能使正常运行的系统遭受破坏，有可能窃取企业单位的机密数据，也有可能仅仅是某些高手的恶作剧。据统计，平均每数秒就会有一个网站遭到入侵。

系统防范与非法入侵是一对不断斗争的矛盾双方，目前还没有哪一个系统能够十分有把握地宣称可杜绝入侵，就连大名鼎鼎的软件帝国微软公司的电脑系统，也在 2000 年 10 月被神秘的黑客攻破。

为了保证财务与会计信息系统的安全，并且使其能在电子商务活动中支持正常的经济业务和贸易，必须给企业网络系统构筑安全防线。为保证系统安全，需在网络系统安装适当的防火墙产品。

财务与会计信息系统的管理员应该在安全检测、网络安全监控、链路加密、网页恢复等方面进行系统维护工作。具体的工作可以在事前阶段、事中阶段、事后阶段分别展开。

事前阶段可使用网络安全漏洞扫描技术，对网络进行预防性检查，及时发现问题，可以模拟黑客的进攻，对受检系统进行安全漏洞和隐患检测；事中阶段的目标是尽可能早地发现事故苗头，及时中止事态的发展，将事故的损失降到最小；事后阶段要研究事故的起因，评估损失，追查责任，进行多层次、多方位、多手段的电子数据取证，以追查事故源头。

随着互联网的发展及其应用的深入，黑客入侵事件变得越来越频繁，仅仅依靠传统的操作系统加固、防火墙隔离等静态安全防御技术已经远远无法满足现有网络安全的需要了。入侵检测系统（intrusion detection system, IDS）是近年来发展起来的动态安全防范技术，IDS 通过对计算机网络或系统中的若干关键点信息的收集与分析，从中发现是否有违反安全策略的行为和被攻击的迹象。这是一种集检测、记录、报警、响应于一体的动态安全技术，不仅能检测来自外部的入侵行为，也可监督内部用户的未授权活动。

第八节　财务与会计信息系统的二次开发

　　企业需要根据不断变化着的市场及企业内部管理需求，获取各种各样的、大量的、全方位的信息，特别是有关经济业务方面的信息，以对这些信息进行分析，为管理决策服务。在开发财务与会计信息系统时，虽然考虑到使系统尽量满足用户的需求，但针对用户的特殊要求，以及企业内部与外部的条件和环境的变化，往往需要对会计电算化软件进行二次开发。

　　若企业的会计软件是通过自行开发或委托开发而为本单位定制的系统，一般对其进行的二次开发最好由系统的原班开发人员来完成。但是在这种情况下，往往不易区分软件的维护工作与二次开发工作的界限。

　　为了方便用户使用，提高会计核算软件的生命力，商品化会计核算软件在推出之时，就十分重视最终用户对该产品二次开发的需求，并为此提供了若干二次开发的接口。由于商品化软件往往只提供可执行的二进制代码，因此对其数据处理部分进行二次开发比较困难。为了使软件的功能满足不断发展和变化着的管理工作的需要，可以采取对软件产品的版本进行升级的方法来达到二次开发的目的。商品化会计核算软件主要提供了数据输入与数据输出两个方面的二次开发接口。

一、数据输入的二次开发

为了严格地执行会计核算制度，商品化会计核算软件的数据输入设计对操作的控制十分严格，其软件产品提供的输入界面与数据（记账凭证）输入的内部程序控制关系一般不允许用户自行修改。在商品化会计核算软件中，为了接收系统外部数据的输入，例如接收来自材料核算子系统、固定资产核算子系统、成本核算子系统、工资核算子系统、产品及销售子系统转入的机制凭证，以及数据的远程录入，软件产品中一般提供一种标准数据结构的缓冲区来存放这些外来数据。对于以上这些从外部输入的数据，软件首先将其预先存储在这个标准数据结构缓冲区中；然后借助原先的数据输入通道将缓冲区中的数据向账务处理系统导入。商品化会计核算软件就是应用这种标准结构方式来接收会计核算数据的脱机输入，支持记账凭证数据的多点采集，接收财务与会计信息系统中各功能核算子系统中产生并传送过来的机制记账凭证的。

对于为满足系统的需要，经二次开发形成的新的功能子系统或子模块而言，其数据向会计核算账务处理系统的导入，也可利用这一特性。

二、数据输出的二次开发

财务与会计信息系统全面、完整地记录了会计核算数据，而用好这些数据，提高信息的利用率，是信息系统不断追求的目标。商品化会计核算软件为了方便用户，预先提供了一些样表，如资产负债表、损益表、现金流量表，以满足对标准会计报表的编制与输出。出于数据输出二次开发的需要，还要求采用多种形式的输出表格，以直接对会计核算系统中的数据进行分析。对于各种不同的数据需求方式，可以通过会计核算软件的自定义报表功能、数据导出功能、系统数据的直接访问等方式来得到二次开发所需要的数据。

（一）自定义报表

商品化会计核算软件一般都提供用户自定义报表的功能，其工作原理类似于 Excel 等电子表格。为了进行特殊的数据分析与输出，用户可以对报表格式、报表项目、取数公式进行定义，自行设计新的报表格式。商品化会计软件系统也相应地提供了一系列针对会计核算与分析应用的标准函数或子程序，以便用户在构建取数公式时调用。

（二）数据导出

通常，对于各种计算机应用程序而言，其都提供了一个数据导出功能，此功能一般通过该软件主菜单"文件"项目中的"另存为"实现。商品化会计核算软件中一般也提供"数据导出功能"。在 Windows 操作系统环境下运行时，会计软件产品一般都采用 ODBC 数据协议提供的数据导出功能，这样可以方便地将会计系统中的内部数据格式导出，并转换为 Excel 电子表、FoxPro 数据库、Access 数据库、LOTUS 1-2-3、HTML、纯文本文件等格式。数据导出方式一方面具有操作简便、有效，输出的各种数据格式符合标准等优点，另一方面也存在以下不足：首先，在使用数据导出功能时，用户要开启商品化会计核算软件并进行交互式操作，由人工进行干预；其次，在数据导出时，操作人员指定并键入的数据输出文件名要符合要求，否则会影响后续数据处理软件的正常运行；最后，数据导出方式不利于通过程序控制、自动执行来完成二次开发所要求的数据处理功能。

（三）系统数据的直接访问

只要知道系统数据的存储格式，就可以直接对商品化会计核算软件系统中的数据库进行访问和提取。为了保证会计系统数据的完整性，采用对数据直接访问的手段时应严格避免对原系统数据的修改、删除等操作，仅保留数据操作的读取权。

为了使会计人员不仅会使用会计软件，而且会对会计软件进行维护，会综合利用会计核算软件系统的已有数据进行财务分析，会在会计软件的基础上进行二次开发，许多商品化会计核算软件产品在会计软件的产品技术手册中，对最终用户公布了会计核算软件的数据处理流程、主要功能程序的模块结构、数据存储结构等技术资料，以便人们对财务与会计信息系统进行更高水平的应用。

第六章 会计信息化
与财务会计信息化

第一节 信息技术对会计的影响

信息技术的进步和应用的普及，对人类社会产生了极大的影响，也在不断地推动着管理科学的发展。计算机技术在会计工作中已经得到了普遍应用，手工会计系统已经被计算机会计信息系统取代。信息技术与新的管理思想和管理方法相结合，打破了传统的管理规则，创造出许多新的组织结构形式和管理方式，特别是网络环境为企业创造了尝试多种形式管理的空间。而这一切也必然对会计理论和会计实务等方面产生深远的影响。

一、对会计理论的影响

信息技术的应用对会计理论产生了深远的影响。

（一）对会计目标的影响

会计目标是会计理论体系的基础，会计目标主要体现在向谁提供信息、应该提供哪方面的信息或提供哪些信息等问题。传统会计将会计信息的使用者作为一个整体，提供通用的会计报表来满足他们对信息的需求。在网络经济时代，会计信息的需求者与会计信息的提供者可以利用网络实时双向交流。例如，财务会计人员在了解了企业管理层的决策模型之后，可以针对其需要，向其提供专门的财务报告和相关信息。因此，信息技术可以使会计提供适用于不同决策模型的含有不同内容的专用财务报告。

（二）对会计假设的影响

会计假设是会计核算的基本前提，是商品经济活动条件下进行会计活动的基本环境和先决条件。传统财务会计以会计主体、持续经营、会计分期和货币计量四项基本假设为基础，而基于网络的会计由于其特殊性往往可以不受这四项基本假设的束缚。

1.对会计主体假设的影响

在网络经济环境下，企业可以借助网络进行短期联合或重组，形成虚拟企业，这使得会计主体具有可变性，会计主体认定产生困难，并使会计核算空间处于一种模糊状态。虚拟经济的出现对传统会计主体假设是一种挑战。

2.对持续经营假设的影响

在网络经济时代，企业之间可以根据需要借助网络联合起来完成一个项目，当项目完成之后，这种联合随之解散。这种临时性的企业联合在网络经济时代将十分普遍，企业持续经营的前提对它们不再适用。

3.对会计分期假设的影响

会计分期的目的是分阶段地提供会计信息，满足企业内部和外部管理或决策的需要。限于处理能力，会计期间分为年度、季度和月。在网络经济时代，通过网络，企业内外部会计信息的需求者可以动态地得到企业实时的财务信息，在这种情况下，会计分期已从年、季、月缩短为日或时。

4.对货币计量假设的影响

在网络经济时代，连接各国的信息网络使全球形成统一的大市场，经济活动的国内与国外的界限变得模糊起来，同时国际贸易的剧增使币值变动大，这些都对货币计量假设提出了挑战。在网络环境下，完全可能出现一种全球一致的电子货币计量单位，用以准确地反映企业的经营状况。

（三）对会计要素的影响

传统财务会计将会计要素划分成反映财务状况的会计要素（资产、负债、所有者权益）和反映经营成果的会计要素（收入、费用、利润）。随着信息技术的发展和应用，数据处理的速度会越来越快，会计要素的划分可以更加细密和有层次，以便更加准确地反映企业资金的运动状况。

二、对会计实务的影响

信息技术的应用对会计实务也产生了深远影响。

（一）对会计数据采集的影响

面向供应链的管理理念与信息技术相结合，改变了传统会计数据采集—核算—披露流程的处理方式。所谓供应链管理，是指通过加强供应链中各活动和各实体间的信息交流与协调，增大物流和资金流的流量和流速，使其畅通并保持供需平衡。企业内部网通过防火墙，一方面使企业与未授权的外部访问者隔离，另一方面允许内部授权的活动延伸到企业外部，与关联企业如供应商、经销商、客户和银行之间形成范围更广的网络应用系统。这个网络应用系统称为企业外部网。在这种情况下，不仅是企业内部，即使是外部的经济活动发生端的数据采集，也不再需要大量的财务会计人员根据原始凭证录入，系统的实时处理功能使数据的采集伴随网上交易、结算活动及物资与价值的流动同时完成，实现会计数据的实时采集。

（二）对财务报告的影响

当前的财务报告有很多局限，无法反映非货币化会计信息，无法反映企业发生的特殊经济业务，如衍生金融工具等。在信息技术环境下，财务报告会突破上述限制，拓宽信息披露的范围，不仅提供财务信息，还提供非财务信息，如风险信息、不确定信息、前瞻性信息、创新金融工作信息、企业管理信息等，以便充分揭示企业现金流量的变化、财务状况的变动趋势，全面反映企业的经营状况，满足不同信息使用者的要求。

三、对会计职能和观念的影响

（一）会计工作组织体制发生变化

在手工会计中，会计工作组织体制以会计实务的不同性质为主要依据。一般来说，手工会计划分为如下专业组：材料组、成本组、工资组、资金组、综合组等。它们之间通过信息资料传递交换建立联系，相互稽核牵制，使会计工作正常运行。其操作方式是对数据分散收集、分散处理、重复记录。

会计信息化后，会计工作的组织体制以数据的不同形式为主要依据，一般划分为如下专业组：数据收集组、凭证编码组、数据处理组、信息分析组、系统维护组等。其操作方式是集中收集、统一处理、数据共享，使会计信息的提取、应用更适应现代化管理要求。

（二）会计人员素质发生变化

会计人员不仅要具有会计、管理和决策方面的知识，还应具有较强的计算机应用能力，能利用信息技术实现对信息系统及其资源的分析和评价。

（三）会计职能发生变化

会计职能是会计目标的具体化，会计的基本职能是反映和控制。信息技术对会计的两大基本职能将产生重大的影响。

从会计反映职能上看，在信息技术条件下，由于计算机处理环境的网络化和电子交易形式的出现，建立基于计算机网络的会计信息处理系统已成为必然。在这种会计信息处理系统中，对于企业发生的各种经济业务，系统都能自动地从企业的内部和外部采集相关的会计核算资料，进行实时反映。

从会计控制职能上看，由于会计信息系统实现了实时自动处理，因此会计的监督和参与经营决策的职能将显得更为重要。会计监督职能主要包括监督自动处理系统的过程和结果，监督国家财经法规和会计制度的执行情况，通过网络对企业经济活动进行远程和实时监控。会计参与经营决策的职能主要通过建立一个完善的、功能强大的预测决策支持系统来实现。

（四）会计观念需要创新

现在的社会经济环境、企业组织方式、企业规模等已经发生了重大变化，会计行业对如何提供信息需要有更加新颖的视角。

企业除了追求利润，还要关注自身产品的市场占有率、人力资源的开发和使用情况，以及保持良好的社会形象。同时，知识经济拓展了企业经济资源的范围，使企业资源趋于多元化。人力资源将成为资产的重要组成部分，并为企业所拥有和控制，为企业提供未来经济效益。因此，会计工作必须树立增值观念，将增值作为企业经营的主要目的，定期编制增值表，反映企业增值的情况及其在企业内外各受益主体之间的分配情况。而资产应包括人力资产和物力资产两个部分。

在信息时代，信息传播、处理和反馈的速度大大加快，产品生命周期不断缩短，市场竞争日趋激烈，企业的经营风险明显加大，因此会计工作还要树立风险观念。会计工作既是一种生成信息、供应信息的工作，也是一种利用信息参与管理的工作。企业管理的信息化也对财务会计人员提出了更高的要求。一个大企业如何进行会计核算，如何推进会计及企业管理的信息化，如何利用信息化手段提高企业的市场竞争力、实现管理创新，正成为财务会计人员面临的新挑战。

四、对会计信息系统的影响

目前，国内建立的会计信息系统基本上都用于处理已发生的会计业务，反映和提供已完成的经营活动的信息。然而，现代经济活动的复杂性、多样性和瞬间性，对管理者提出了更高的要求。每一个管理者都需要依靠科学预测来做出决策，而管理者的决策方式已从经验决策方式转向科学决策方式，应加强智能型会计决策支持系统的开发与应用。会计决策支持系统是通过综合应用运筹学、管理学、会计学、数据库技术、人工智能、系统论和决策理论多门学科构建的。

随着信息技术的飞速发展，会计信息系统将向模拟人的智力方向发展。系统将会有听觉、视觉、触觉等功能，能模拟人的思维推理能力，具有思考、推理和自动适应环境变化的功能。专用会计信息系统将向通用会计信息系统发展，会计信息系统将是一个基于网络的信息系统。因此，企业集团可以利用数据库与网络，建立跨会计主体和跨地域的集团内部会计信息系统，实现"数据大集中、管理大集权"的目标，与会计工作方法的创新相适应。

第二节　会计电算化与会计信息化

一、会计电算化

（一）会计电算化的概念

会计是为提高企业和各单位活动的经济效益、加强经济管理而建立的一个以提供财务信息为主的经济信息系统。过去，人们利用纸、笔、算盘等工具开展会计工作，随着科学技术的发展，人们开始利用电子计算机来开展会计工作，实现了会计工作的电算化。

会计电算化是"电子计算机在会计中的应用"的简称。"会计电算化"一词是 1981 年 8 月财政部和中国会计学会在长春市召开的"财务、会计、成本应用电子计算机专题讨论会"上正式提出的。国内有的人又将会计电算化称为"电算化会计""计算机会计"，国外有人称其为"电算化会计信息系统"。

会计电算化有狭义和广义之分。狭义的会计电算化是指以电子计算机为主体的电子信息技术在会计工作中的应用；广义的会计电算化是指与实现电算化有关的所有工作，包括会计软件的开发与应用、会计软件市场的培育与发展、会计电算化人才的培训、会计电算化的宏观规划和管理、会计电算化制度建设等。

（二）会计电算化的特征

与手工会计工作相比，会计电算化具有以下特征：

1.人机结合

在会计电算化方式下，会计人员填制电子会计凭证并审核后，执行"记账"功能，计算机根据程序和指令，在极短的时间内自动完成会计数据的分类、汇总、计算、传递及报告等工作。

2.会计核算自动化、集中化

在会计电算化方式下，试算平衡、登记账簿等以往依靠人工完成的工作，都由计算机自动完成，大大减轻了会计人员的工作负担，提高了工作效率。计算机网络在会计电算化中的广泛应用，使得企业能将分散的数据统一汇总到会计软件中并进行集中处理，这既提高了数据汇总的速度，又增强了企业集中管控的能力。

3.数据处理及时准确

利用计算机处理会计数据，可以在较短的时间内完成会计数据的分类、汇总、计算、传递和报告等工作，使会计处理流程更为简便，核算结果更为精确。此外，在会计电算化方式下，会计软件运用适当的处理程序和逻辑控制，能够避免在手工处理方式下出现的一些错误。以"记账"处理为例，记账是计算机自动将记账凭证文件中的数据登记到总账、明细账、日记账等相关账户上，账户的数据都来源于记账凭证文件，数据来源是唯一的，记账只是"数据搬家"，记账过程中不会出现数据转抄错误，因此会计电算化方式下不需要进行账证、账账核对。

4.内部控制多样化

在会计电算化方式下，与会计工作相关的内部控制制度也将发生明显的变化，内部控制由过去的纯粹人工控制发展为人工与计算机相结合的控制形式。内部控制的内容更加丰富、范围更加广泛、要求更加明确、实施更加有效。

（三）会计电算化的产生和发展

1.会计电算化的产生

1954年，美国通用电气公司运用计算机进行工资数据的计算处理，揭开了人类利用计算机进行会计数据处理的序幕。我国1979年首次在长春第一汽车制造厂进行计算机在会计中的应用试点工作。

2.会计电算化的发展

依据划分标准不同，会计电算化的发展阶段亦不相同。本书以会计软件的发展应用为参照，介绍会计电算化的发展过程。

（1）模拟手工记账的探索起步阶段。我国的会计电算化是从 20 世纪 80 年代起步的，当时的会计电算化工作主要处于实验试点和理论研究阶段，这一阶段的主要内容是利用计算机代替手工处理大量数据，实质是将电子计算机作为一个高级的计算工具用于会计领域。

此阶段主要实现了会计核算的电算化，是会计电算化的初级阶段。利用计算机模拟手工记账，不仅模拟手工环境的会计循环，而且模拟手工环境的数据输出形式，利用计算机完成单项会计核算任务，缺乏信息共享。

（2）与其他业务结合的推广发展阶段。进入 20 世纪 90 年代，企业开始将单项会计核算业务整合、扩展为全面电算化，引入了更多的会计核算子系统，形成了一套完整的会计核算软件系统，包括账务处理子系统、报表处理子系统、往来管理子系统、工资核算子系统、固定资产核算子系统、材料核算子系统、成本核算子系统、销售核算子系统等。

（3）引入会计专业判断的渗透融合阶段。我国顺应新形式的要求，于 2006 年 2 月建立了与国际准则趋同的企业会计准则体系，该体系引入了会计专业判断的要求。同时，新准则审慎引入了公允价值等计量基础，对会计电算化工作提出了新的要求。企业和会计软件开发商紧密围绕会计准则和会计制度，通过会计电算化工作的不断调整、渗透和融合，逐步完成从单机应用向局域网应用的转变，尝试建立以会计电算化为核心的管理信息系统。

（4）与内控相结合建立 ERP（enterprise resource planning，企业资源计划）系统的集成管理阶段。2008 年 6 月，财政部等六部委联合发布了《企业内部控制基本规范》，这标志着我国企业内部控制规范建设取得了更大突破和阶段性成果，是我国企业内部控制建设的一个重要里程碑。内部控制分为内部会计控制和内部管理控制。内部会计控制是指单位为了提高会计信息质量、保护资产的安全完整、确保有关法律法规和规章制度的贯彻执行而制定和实施的一系列控制方法、措施和程序。

随着现代企业制度的建立和内部管理的现代化，单纯依靠会计控制已难以应对企业面对的内、外部风险，会计控制必须向全面控制发展，传统的会计软件已不能完全满足单位会计信息化的要求，逐步向与流程管理相结合的 ERP 方向发展。

与内控相结合的 ERP 系统的集成管理，实现了会计管理和会计工作的信息化。目前这一阶段尚在进行中，但已经取得了令人瞩目的成果。有的大型企业已经利用与内控相结合的 ERP 系统成功地将全部报表编制工作集中到总部一级。

二、会计信息化

从会计电算化的发展过程可以看出，会计软件的功能越来越强大，由最初的核算功能向管理功能、决策功能发展，会计处理上实现了财务业务一体化处理，进而实现了与内部控制的高度融合，工作重点由会计核算转向会计管理；会计工作的物质载体也由当初的电子计算机发展到以计算机和网络通信为代表的信息技术，伴随着电子商务的飞速发展，会计的一些方法技术也随之发生了变化。这些变化的内容都超出了当初会计电算化的内涵，而与当今信息化环境紧密相关。1999 年 4 月，在"会计信息化理论专家座谈会"上，与会专家提出了"会计信息化"的概念。国家也在不断重视会计信息化建设，2009 年 4 月 12 日，财政部以财会〔2009〕6 号文件形式印发了《财政部关于全面推进我国会计信息化工作的指导意见》；2013 年 12 月 6 日，财政部以财会〔2013〕20 号文件形式印发了《企业会计信息化工作规范》。相关文件提出了要促进会计信息化建设，并对企业开展会计信息化建设做出了具体规定。会计信息化是指企业利用计算机、网络通信等现代信息技术手段开展会计核算，以及利用上述技术手段将会计核算与其他经营管理活动有机结合的过程。

第三节　信息技术环境下的
会计人员

一、会计人员角色和职能的变化

首先，信息技术的应用彻底改变了会计工作者的处理工具和手段。由于大量的核算工作实现了自动化，所以会计人员的工作重点将从事中记账算账、事后报账转向事先预测、规划，事中控制、监督，事后分析及决策。

其次，在信息技术环境下，会计人员要承担企业内部管理员的职责。并且随着外部客户对会计信息需求的增长，会计人员应及时地向外传递会计信息，为社会、债权人、投资者、供应商和客户、兄弟行业及政府管理部门等一切会计委托和受托者披露会计信息，提供职业化的会计和财务咨询服务。

最后，在信息技术环境下，会计人员不仅要客观地反映会计信息，而且应使会计信息增值并创造更高的效能。由于会计人员对企业业务流程有独到见解，并具有组织会计和财务信息的高超技艺，因此他们可以参与企业战略和计划的辅助决策，将注意力更多地集中在分析工作上，而不只是提供会计和财务数据。其作用更多地体现在通过财务控制分析参与企业综合管理和提供专业决策。换言之，未来的会计师将是企业经理的最佳候选人之一。

二、会计人员和会计信息系统关系的变化

与手工环境相比，在信息技术环境下，会计人员不仅是会计信息系统的信息提供者和使用者，还是会计信息系统所反映的各种业务活动规则、控制规则和信息规则的制定者和会计信息系统的维护者。会计人员的职责主要包括以下

几个方面。

（一）科学使用会计信息系统的会计信息

在现代信息技术环境下，特别是在网络环境下，会计人员可以通过内联网、外联网和因特网按事先制定的业务活动规则和权限来控制采购、仓储、生产和销售等环节财务会计数据的实时采集工作。此时会计人员就要准确地分析数据，提出科学的分析结论和决策方案，将工作重心转移到对会计数据的管理、监控、分析上。

（二）制定各种会计控制和会计信息的规则

为了能科学地使用财务会计信息，一个重要的前提是，在会计信息系统实施中，会计人员应与业务人员协作完成业务流程的优化或重组，并根据会计管理的需求制定各种会计控制和会计信息规则。

（三）会计信息系统的维护

随着管理理念和信息技术的不断发展，会计信息系统也应不断地在维护中实现动态变革。与信息技术人员不同，会计人员对会计信息系统的维护重点表现在如下方面：

（1）根据会计管理变革的新需求，提出对会计控制规则和会计信息规则变革的新需求。

（2）协助信息技术人员正确理解和描述上述规则。

（3）在信息技术人员完成规则变革的信息设计后，对会计信息系统的新功能进行验收评测。

三、会计人员能力需求和知识结构的变化

为了使会计人员能胜任信息技术环境下的职责，社会对会计人员的能力和素质的需求也发生了变化。

（一）能力需求

在信息技术环境下，常规且结构化的会计核算和财务管理等工作将由基于信息技术的信息系统完成。会计人员应更多地从事那些非结构化且非常规的会计业务，并完成评价信息系统及其资源的工作，因此未来的会计人员应具备以下五个方面的技能。

1.沟通技能

会计人员不仅能提供信息，而且能与企业高层领导和其他管理者交换信息，建立有意义的关系。

2.战略性和关键性的思考能力

能够将会计数据、信息、知识联系起来以提出高质量的建议。

3.关注企业客户和市场的发展

能够比竞争对手提供更好的、更能满足客户不断变化需求的建议。

4.为关联信息提供科学解释

能够为互相有内在联系的会计、财务及非财务信息提供科学解释。

5.技术熟练

能够熟练地运用会计和信息技术，并能推动信息技术在会计工作中的应用，制定会计信息化实施的各种规则。

（二）会计人员应具备的知识体系

信息技术用于会计工作中所涉及的理论和方法具有很强的综合性，涵盖如下多门学科的相关知识。

1.管理科学

一般管理学和经济管理学，包括会计学、财务管理学和审计学等。

2.信息技术科学

计算机软硬件技术、网络通信技术、数据库技术和多媒体技术等。

3.信息系统理论和方法科学

老三论，即系统论、控制论和信息论；新三论，即耗散结构论、突变论和协同论；行为科学；等等。

4.信息系统实施和管理科学

软件工程、项目管理、IT 治理、工程监理和评估等。

对于会计人员及从事会计信息化的人员而言，由于角色不同，上述各知识点的掌握要求也不同。

（三）会计人员的价值取向

会计人员为保证自身的价值，必须做到如下方面。

（1）进行持续教育和终身学习。会计人员应该得到持续教育，而不仅仅是通过资格认证。

（2）保持自身的竞争力，能够熟练并有效率地完成工作。

（3）应恪守职业道德，坚持会计职业的客观性。

第四节　会计信息化下的
财务会计流程优化

一直以来，财务会计都是企业经营管理的重要依据。信息化时代，企业要想获得更高的经济效益，就必须结合各种新型技术，对传统的财务会计流程进行优化。众所周知，对于任何企业来讲，财务会计都决定着企业的经济效益。在展开财务会计工作的过程中，企业务必要保证各项数据信息的真实性、及时性、准确性和完整性。社会的快速发展，使得财务会计工作也朝着信息化的方向发展。因此，只有对会计信息化下财务会计流程的优化展开研究，才能为企业的发展提供保障。

一、对财务会计流程的基本认识

任何企业的经营和发展都离不开财务会计工作的支持。我国企业行业组成的丰富性，使得财务会计的流程也与企业自身的经营方向有着一定的关联。在各个不同的企业当中，财务会计的流程存在着一定的差异。企业的经营管理过程主要包含三大流程，即业务流程、财务会计流程以及管理流程。三者之间密切相关，互相影响和约束。财务会计作为企业开展管理的重要依据，在企业的整体发展中占据着一定地位，对企业的经济效益有着非常重要的影响。作为企业的核心部门，财务会计部门通过对业务流程中产生的各项数据信息内容进行收集和加工处理，将这些信息提供给管理部门，为企业的生产经营管理提供可靠的依据。由此可见，在企业当中，财务会计是有效地连接企业业务流程和管理流程的重要依据。

财务会计的具体流程为：根据企业日常生产经营活动过程中所发生的各项

业务和费用往来填写会计凭证，并将这些凭证分类编制成会计账簿，生成会计报表。在财务会计的基础上，企业能够及时地了解每个阶段的经营发展状况，为优化各项工作提供可靠的保障，推动企业的可持续发展。

二、我国传统财务会计流程中存在的问题分析

（一）各个会计流程阶段之间缺乏有效的联系

我国的财务会计流程自发展以来，从最初的手工记账，逐渐转化为半手工记账的方式。在此发展的过程中，相关会计人员都按照严格的记账顺序来完成企业的账务资料。这种传统的财务会计流程，看似提高了企业的工作效率，实际上各个会计账务处理环节都单独存在，无法有效地使各个会计流程阶段之间的联系更加密切，并不能为人们及时提供相同的会计信息资料。这样便阻碍了我国财务会计的发展。

（二）无法更加准确地体现出企业的经营管理状况

研究发现，虽然我国的传统财务会计流程可以为企业相关业务的开展提供账务信息内容，但是受所提供的信息内容的限制，企业自身无法有效地借助这部分信息内容来实现对自身经营发展状况的预测和管理，这对企业自身的发展造成了影响。另外，传统财务会计工作所包含的信息内容不够完善，不能为企业的经营管理提供可靠的信息依据。

（三）财务会计相关数据信息无法及时更新

财务人员在开展财务会计工作时，主要根据不同业务的发生来进行相关账务信息的登记和核算管理。这些业务之间彼此分离，企业一般要对整个会计期间的财务数据信息进行收集整理，只有等到该会计期间的业务发生之后，才能

够获得完整的数据内容。但是，财务会计对及时性的要求较高，这种传统的财务会计核算管理方式，无法及时有效地对数据信息进行更新，使得信息的滞后性比较强。在这种情况下，倘若企业进行各种决策管理时使用了这些时效性差的财务数据信息，就可能给决策带来严重的误导，造成无法预测的经济损失。

（四）财务会计信息之间联系不足

由于传统财务会计中的各项会计业务核算都是单独存在并且单独完成的，因此这些会计核算信息之间的关联性并不强。这种财务会计核算工作并不能够明显地反映出业务信息之间的有效联系，从而使信息失去了应有的价值，无法为企业的发展提供可靠的依据。

三、会计信息化下财务会计流程的优化策略

现代社会，各经济主体之间的竞争十分激烈，企业要想提高竞争力，取得更大的经济效益，就应当提高财务会计的工作效率。信息技术的发展，对财务会计提出了更高的要求，只有对信息技术进行有效的应用，优化财务会计流程，才能使企业得到更好的发展。

（一）统一财务数据标准

在现代社会，信息技术的广泛应用给人们的生活提供了一定的便利。财务会计工作的内容十分复杂，人们要想更好地实现财务会计工作的信息化管理，就应当结合信息技术，为财务数据制定统一的标准，使财务会计的各个流程以及数据核算之间的联系更加密切。在此过程中，财务会计人员务必要保证所输入的数据信息内容的真实性和有效性，并在一定的标准的基础上，对财务数据进行科学、规范的管理。同时，财务会计人员还必须确保财务会计输出的各种凭证以及账簿、账表信息的准确性与科学性，更好地借助信息化技术来

实现企业的各个经营管理部门之间的数据信息共享，使财务数据信息的使用范围更加广泛、使用效率更高，更好地为各项财务数据资料的保存提供保障。

（二）简化财务会计核算流程

传统的财务会计核算流程比较复杂，各种核算项目都必须在人工操作下才能够完成。这种复杂的核算流程也增加了数据核算失误的概率。在信息技术的支持下，企业可以将财务会计与相关业务有效联系起来，使财务会计能够直接获得企业开展业务所产生的数据信息。这样不仅节省了人工成本，提高了企业财务会计核算的工作效率，也能够减少和避免人为产生的各项误差，有效地保证企业财务会计各项数据信息的准确性。对于企业在生产经营活动过程中产生的数据，业务部门经过确认和核对之后，确保数据信息无误，便可以将这些数据上传至数据库中，为企业的财务部门提供准确、及时、高效的数据信息；财务部门利用相关财务软件对这些数据信息进行专业的处理，生成相应的财务账表。该流程十分简单，极大地降低了企业处理财务会计工作的各项成本，为企业创造了一定的经济效益。

（三）加强企业各项信息之间的联系

在传统的财务会计工作中，各项数据信息之间的联系相对不足，这使得企业无法更好地发展自己。在会计信息化环境下，企业要加强各项数据信息之间的关联。在最初对数据信息进行录入的时候，要设定好数据之间的逻辑关系，相关的财务工作人员要对这些数据信息进行有效的控制。在财务会计工作中，会计人员不仅要对这些数据信息进行处理和核算，还要掌握这些数据信息的来源，以及企业自身在经营活动过程中的发展状况。当企业开展各种经济业务的时候，财务会计人员可以凭借自身的经验以及专业技能，对该项经济业务进行有效的判断，为企业的可持续发展提供更加准确的决策建议。

（四）提高对财务管理软件的应用效率

随着互联网技术的发展以及广泛应用，在信息技术的支持下，人们加大了对各种技术的研究力度，给各个行业带来了非常大的便利。财务管理软件在信息技术的支持下，也得到了很大的改善和提升。企业应当提高对各种财务管理软件的应用效率，有效地借助这些财务软件，实施对企业各项经营活动的判断和控制，避免各种财务风险的出现。比如，可以对企业中存在的各项往来账款账务信息，设定功能提醒，设定明确的责任人，对这些应收应付款项进行统计，提高企业的账务处理效率，减少各项坏账的发生。

第五节　财务会计信息的质量要求

由于财务会计信息是以财务报告的形式对外呈报的，其目标是向信息使用者提供与企业有关的会计信息，以帮助信息使用者做出经济决策，因此保证财务会计信息的有用性，是编制财务报告最直接的目的。为了更好地实现财务会计的目的，会计人员必须提高会计信息质量，了解高质量会计信息的特点。

财务会计信息的质量要求包括可靠性、相关性、可理解性、可比性、实质重于形式、重要性、谨慎性和及时性等。其中，可靠性、相关性、可理解性和可比性是财务会计信息的主要质量要求，是企业财务报告中所提供的会计信息应具备的基本质量特征；实质重于形式、重要性、谨慎性和及时性是财务会计信息的次要质量要求，是对可靠性、相关性、可理解性和可比性等主要质量要求的补充和完善。

一、财务会计信息的主要质量要求

（一）可靠性

可靠性是指确保财务会计信息免于偏差和错误，能真实反映现状的质量。可靠性要求企业应当以实际发生的交易或者事项为依据进行确认、计量和报告，如实反映符合确认和计量要求的各项会计要素的信息，保证财务会计信息真实可靠、内容完整。为了达到财务会计信息质量可靠的要求，不得根据虚构的、没有发生的或者尚未发生的交易或者事项进行确认、计量和报告；不能随意遗漏或者减少应予以披露的信息，应当充分披露与使用者决策相关的有用信息；企业财务报告中的财务会计信息应当是中立的、无偏的。

可靠性是高质量会计信息的重要基础和关键所在，如果企业以虚假的经济业务进行确认、计量、报告，就属于违法行为，不仅会严重降低财务会计信息质量，而且会误导投资者，干扰资本市场，导致会计秩序混乱。

（二）相关性

相关性是指财务会计信息与决策有关，具有改变决策的能力。相关性要求企业提供的财务会计信息与投资者等信息使用者的经济决策需要相关，有助于投资者等信息使用者对企业过去、现在或者未来的情况做出评价或者预测。

相关的财务会计信息应具有反馈价值，即有助于信息使用者评价企业过去的决策，证实或者修正过去的有关预测；相关的财务会计信息还应当具有预测价值，即有助于信息使用者根据所提供的财务会计信息，预测企业未来的财务状况、经营成果和现金流量。

（三）可理解性

财务会计信息能否为信息使用者所理解，取决于信息本身是否易懂和决策者的能力高低。可理解性要求企业提供的财务会计信息清晰明了，便于投资者等信息使用者理解和使用。

企业提供财务会计信息的目的在于使用，企业提供的财务会计信息只有清晰明了，易于理解，才能提高财务会计信息的有用性，满足信息使用者决策的需求。信息使用者只有通过阅读、分析、使用财务会计信息，了解企业过去、现在及未来的发展趋势，才能做出科学决策。

可理解性是与信息使用者有关的一项质量要求。会计人员应尽可能使财务会计信息易于理解，而信息使用者也应设法提高理解信息的能力，这样财务会计信息才能发挥最大的作用。

（四）可比性

可比性是指能使信息使用者从两组经济情况中区别出异同的财务会计信息的质量特征。即当经济情况相同时，财务会计信息能反映相同的情况；当经济情况不同时，财务会计信息能反映出差异。可比性包括横向可比和纵向可比两个方面。

横向可比是指不同企业在相同会计期间可比。即不同企业在同一会计期间发生的相同或者相似的交易或者事项，应当采用相同的会计政策，确保财务会计信息口径一致、相互可比，以使不同企业按照一致的确认、计量和报告要求提供有关会计信息。

纵向可比是指同一企业在不同时期可比。即同一企业在不同时期发生的相同或者相似的交易或者事项，应当采用相同的会计政策，并且不得随意变更。但是，满足会计信息可比性要求，并不代表企业不能变更会计政策，如果按照规定在会计政策变更后提供更可靠、更相关的会计信息，企业也可以变更会计政策。

二、财务会计信息的次要质量要求

（一）实质重于形式

实质重于形式是指企业按照交易或者事项的经济实质进行会计处理的质量特征。即企业应当按照交易或者事项的经济实质进行会计确认、计量和报告，不应仅以交易或者事项的法律形式为依据进行会计处理。

在多数情况下，企业发生交易或事项的经济实质和法律形式是一致的，但在有些情况下两者也会出现不一致。例如，企业按照销售合同销售商品但又签订了售后回购协议，虽然从法律形式上看收入增加了，但如果企业没有将商品所有权上的主要风险和报酬转移给购货方，没有满足收入确认的各项条件，那么即使签订了商品销售合同或者已将商品交付给购货方，也不应当确认销售收入。

又如，企业融资租入固定资产，固定资产在租赁期内的款项并未付清，从法律形式上看，设备的所有权并没有完全转移给租入方，但从经济实质上看，租入方已经控制并已实际使用该项固定资产，并为企业带来了相应的经济利益，这符合资产要素的本质特征，企业就可以将其确认为资产。

（二）重要性

重要性是指当某项财务会计信息出现不正确的表达或遗漏时，可能会影响信息使用者的判断。重要性要求企业提供的会计信息反映与企业财务状况、经营成果和现金流量有关的所有重要交易或者事项。

如果企业提供的财务会计信息的错报或省略会影响信息使用者的决策，那么该信息就具有重要性。重要性的应用需要依赖职业判断，企业应当根据所处环境和实际情况加以判断。例如，5万元的损失在小公司可能很重要，在大公司则可能不重要。

（三）谨慎性

谨慎性是指企业对不确定的结果应确认可能的损失，而不确认可能的收益。企业的生产经营活动面临着许多风险和不确定性，如应收款项能否如数收回、固定资产和无形资产的使用寿命、售出商品可能发生的退货或者返修等。谨慎性要求会计人员在做出职业判断时保持应有的谨慎，充分估计到各种风险和损失，既不高估资产或者收益，也不低估负债或者费用。例如，对于企业发生的或有事项，通常不能确认或有资产，只有当相关经济利益基本确定能够流入企业时，才能作为资产予以确认；相反，当相关的经济利益很可能流出企业并且构成现时义务时，应当及时确认为预计负债，这就体现了会计信息质量的谨慎性要求。

（四）及时性

及时性要求企业对于已经发生的交易或者事项及时进行确认、计量和报告，不得提前或者延后。财务会计信息如果不及时提供，即使质量再好，也已失去时效性，对于使用者的效用就会大大降低，甚至不再具有实际意义。

财务会计信息的价值在于帮助信息使用者做出经济决策。及时性要求企业在经济交易或者事项发生后，及时收集整理各种原始单据或者凭证；及时对经济交易或者事项进行确认、计量，并编制财务报告；及时地将编制的财务报告传递给信息使用者，便于其及时使用和决策。

第六节 企业财务会计信息化

信息技术的快速发展在很大程度上推动了企业财务管理方式的转变，将信息技术应用于企业财务管理是现代化企业财务发展的必然趋势。本节主要就企业财务会计信息化问题进行分析与探讨，希望对企业财务发展有所裨益。

一、企业财务会计信息化概述

在现实情况中，企业财务会计信息化具有相对稳定的特点。具体来说，随着国内外经济的发展，无论是我国的宏观经济体制还是企业的具体经营方式都发生了一定程度的变化，这也促使人们对各方面问题的认识逐渐深化。但是，无论是宏观经济体制还是企业经营方式，其具体的变化往往都呈现出渐进性的特点。也就是说，只有真正发展到了一定阶段，其才有可能发生质的变化，因此其在一定程度上具有稳定性。

对于企业财务会计信息化来说，其在一定程度上还具有层次性的特征。企业财务会计信息化本身构成了一个系统，系统只有顺利地运行，才能够完善企业的整体结构关系。企业财务会计信息化之所以具有层次性特征，主要是因为，企业财务会计信息化的内容和方法存在着多样性。

二、企业财务会计信息化中存在的问题

（一）缺乏正确认识

随着科学技术的不断发展，在现阶段的企业财务会计工作开展的过程中，企业要结合时代发展特征，不断更新管理理念，优化内部结构，以适应社会发

展，增强企业的核心竞争力。而在企业财务会计工作开展的过程中，部分领导者对于企业财务会计信息化存在偏见，认为应用互联网加强企业财务会计工作在一定程度上增加了信息泄露的风险，难以保障数据的安全性，很有可能产生无法挽回的损失。

在开展生产经营活动的过程中，一些企业管理人员更加注重短期效益，安于现状，缺乏一定的挑战意识和时代精神，把企业生产经营的核心放在了稳定经营上，没有意识到时代对企业提出的新要求，缺乏科学规划，没有正确认识到财务会计信息化的必要性。企业管理人员对于企业财务会计信息化建设缺少正确的认识，在一定程度上增加了企业财务会计信息化管理的难度，难以满足企业发展的实际需求。

（二）软件性能落后

企业在开展财务会计信息化工作的过程中，首先要具备相应的硬件设施和软件设施，以此为财务会计信息化工作提供基本保障。但通过大量的调查发现，部分企业的财务会计信息化软件的性能较落后，难以结合时代发展特征不断优化更新系统，难以满足企业发展的需要，在一定程度上影响了财务会计信息化的进程。同时，一些企业不具备自主开发信息化软件的能力，只能从大型企业购置相应的软件，缺乏专业的人才，这就使企业正常的生产经营活动受到限制，达不到财务会计信息化的要求。而国内一些专门制作财务软件的机构，在软件开发的过程中，受到经验、资金、技术等因素的制约，做出来的财务会计软件达不到企业财务会计的要求。

（三）会计流程不完善

相较于传统的财务会计工作，财务会计信息化主要通过汇总的方式来储存企业的数据和相关的信息。在企业开展财务会计信息化工作的过程中，由于现有的会计流程存在缺陷，难以为企业的生产经营活动提供相应的信息支撑，因此会计信息的优势难以发挥和体现出来。现阶段一些企业对于财务会计流程的设定过于敷衍，达不到企业财务会计信息化的要求。

三、企业财务会计信息化建设的意义

对于财务会计信息化的建设来说，其主要作用是通过计算机终端进行控制，对信息进行收集、传递、审计，在保存信息的基础上对其进行加工。财务会计信息化建设能够提高企业对信息进行处理的效率，促进企业发展。

在竞争激烈的市场环境下，对于很多企业来说，信息交流处理都是十分重要的工作。加强企业财务会计信息化建设，能够较好地提高财务会计人员的工作效率，为财务会计人员"减压"。

四、财务会计信息化对企业财务管理的影响

（一）对会计功能的影响

在企业财务会计工作开展的过程中，财务会计信息化能够不断优化企业财务管理体系，分别从会计信息的生成方式、传输方式以及会计目标三个方面影响会计功能，进而为企业财务会计工作提供有效的保障，不断优化创新企业财务管理的模式，使其能够适应时代发展需求，增强企业自身的竞争力。相对于传统的人工生成信息来说，财务会计信息化能够有效减轻会计人员的工作量，提高会计人员的工作效率。

传统的会计信息传输主要以纸质传输为主，传输的速度相对较慢，效率低下。而财务会计信息化能够有效提高会计信息传输的速度，在保障会计信息传输准确性的同时，提高其传输的效率。加强企业财务管理的主要目的是为企业的经营发展制订科学合理的财务方案。财务会计信息化能够帮助企业明确财务

管理的目标，通过会计报表，让企业的决策者准确地了解企业自身的情况，明确其生产经营活动当中存在的不足，加快企业的改革转型，推动企业经济发展。

（二）对会计人员的影响

随着信息技术的不断发展，企业财务会计工作已经发生了翻天覆地的变化，对于企业的会计人员有了更高的要求。在现阶段企业财务会计工作开展的过程中，财务会计人员要熟练应用计算机，掌握计算机的各种操作。同时，财务会计人员要有一定的职业道德素养，在工作的过程中，积极承担起相应的责任，坚守岗位职责，保障会计信息的安全。

事实上，在财务会计信息化的时代背景下，财务会计人员要积极学习先进的技术和技能，不断提高自身的综合素质，在拥有传统会计技能的同时，熟练掌握信息化技术。在实际的工作中，会计人员要借助信息技术，全面加强企业财务的运行监管工作，以保障企业正常的生产经营，促进企业发展。这就要求相应的会计人员能够充分利用网络和信息技术，突破传统手工会计的局限性。

（三）对内部审计的影响

加强企业内部审计工作，能够全面加强对企业内部的监督管理，提高企业财务管理的质量。要想做好企业内部审计工作，就要保障收集到的相应的数据信息全面、科学、可靠。相对于传统的企业财务管理工作来说，财务会计信息化有利于充分发挥计算机和互联网等现代信息技术的优势，全面加强企业的财务会计工作，不断完善企业财务管理体系。而更加准确的记账、算账、报账等工作能够有效减少人为失误，全面加强企业财务会计工作。

企业内部的审计工作相对较烦琐，对相应的审计人员要求较高，审计人员除了要掌握基本的审计专业知识，还要具备操作系统软件的能力，全面加强会计软件的控制工作，以提高企业内部审计工作的质量。而财务会计信息化能够充分利用互联网的优势，保障企业各种财务资料和会计信息的完整性和可靠性，有效提高企业内部审计工作的效率和质量，避免信息失真现象的发生，降低企业内部审计工作的难度。

五、促进企业财务会计信息化的有效策略

（一）树立与时俱进的管理理念

企业财务会计信息化的实施需要与时俱进的管理理念的支撑。具体来说，一要引导财务会计人员树立与时俱进的管理理念，正确认识财务会计信息化的重要性及财务管理创新的必要性，从而主动摒弃相对落后的传统观念；二要引导财务部门树立符合现实需求的管理理念，以财务管理创新理念带动企业其他部门理念更新，从而为财务会计信息化的顺利实施提供保证；三要引导财务会计人员形成一定的风险管理意识与观念，做好财务风险防范工作，避免财务会计信息化发展受到不必要的影响。

（二）做好内部审计工作

在财务会计信息化背景下，内部审计对企业财务工作的影响越来越显著，面对此种形势，企业应主动做好内部审计工作，不断优化与完善审计制度，提升审计监管作用与审计综合能力，同时企业还应将会计信息体系与审计体系相结合，发挥二者的综合作用。另外，在进行内部审计体制构建的过程中，企业要综合考虑审计部门特征与性质等因素，强化各部门监控，及时发现问题并加以解决，全方位提升风险管理效率与质量。

（三）重视企业财务风险管理

企业财务会计信息化的快速发展在给财务会计工作带来诸多机遇的同时也带来了一些其他问题，其中财务风险问题最为显著，具体来说就是企业财务

会计信息化在一定程度上改变了财务会计环境。在信息化时代，计算机系统如果瘫痪，就会给企业造成极大的损失。针对这种情况，笔者认为企业应提高财务风险管理能力，在实践中不断探索与总结风险防范体制的优化策略，做好计算机监督控制工作，在降低财务风险的同时保证会计信息化的稳定发展。

（四）优化企业内部控制制度

企业内部监督管理体制与财务活动有着密切的联系，企业需要依据市场发展趋势制定与企业实际发展状况相符合的内部监督管理体制，并将之贯彻落实到全过程。企业要想提升财务活动过程的透明度与经济活动的安全程度，还要制定符合企业发展需求的预算制度，在综合分析预算方案的基础上全方位记载企业相关部门的实际支出状况，保证经济活动的全面贯彻落实。为了取得更为理想的效果，促进企业财务会计信息化的有效实施，企业还需结合实际不断优化与创新，最大限度地提升财务预算的适应性，其间若发生问题则应第一时间进行解决，避免预算作用弱化。

（五）发挥财务管理队伍的积极作用

财务会计信息化是一项相对复杂的工作，具有长期性与系统性，涉及多方面内容，在具体应用过程中不可避免地会出现一些问题，这就需要高素质、高技能水平的财务管理队伍来解决问题，保证相关工作的有序进行。一方面，企业需要定期安排现有财务会计人员参与学习和培训，在开阔视野、拓展各方面知识的基础上提升综合能力与素质，使之熟练掌握财务会计信息化特征，同时也需定期组织财务核算软件培训，提高财务会计人员对财务核算软件的认识与了解程度；另一方面，企业需要制定符合现实需求的薪资标准，激发财务会计人员工作的积极性与主动性，提升企业财务会计工作的影响力，同时积极引进更多专业人才，不断壮大财务会计人员队伍，提升财务会计人员队伍整体素质，为企业财务会计信息化的实现奠定坚实的人才基础。

第七章　信息化时代
财务会计工作创新

第一节　大数据下企业财务会计
信息化的发展策略

一、大数据对市场和企业的影响

（一）传统的市场结构及研究思路

1.传统的市场结构及变化

传统市场中，要素只能按照市场平均价格定价，每个供应商要求的具体内容是无法实现的，因此会造成资源浪费和利润损失。大数据时代，基于大量存在的数据和高超的数据分析技术，以及第三次工业革命支撑下制造业呈现出的数字化、智能化、定制化、互联化和生态化等特点，传统的产品要素需求和供给结构已经被打破，为满足消费者个性化的需求提供了契机。市场将提供给每个消费者其所需要的异质化产品，由此企业的利润可以实现最大化，而消费者的消费需求也将得到满足，消费者将得到最大的消费者剩余，整个社会将会实现帕累托最优，达到经济增长的最优状态。

2.市场调研的理论基础

成熟的分析方法能够显著改善决策过程，实现风险最小化。大数据可以提供算法研究或者算法执行所需要的原始材料。有些企业已经通过分析来自客户、雇员以及嵌入产品中的传感器的整个数据集而做出更有效的决策。大数据让企业能够创造新产品和新服务，改善现有产品和服务：医疗保健领域通过分析病人的临床和行为数据，创建了预防保健项目；制造企业通过内嵌在产品中的传感器获取数据，以创新售后服务并改进下一代产品；实时位置数据的出现已经创造了一套全新的导航服务体系。

3.大数据带来的方法创新

大数据的调研方法为市场研究人员提供了以"隐形人"的身份观察消费者的可能性，超大样本量的统计分析使得研究成果更接近市场的真实状态，同时具有丰富性、实时化、低投入等特点。大数据时代新的市场研究方法使"无干扰"真实还原消费过程成为可能，智能化的信息处理技术使低成本、大样本的定量调研成为现实，这将使消费行为及消费心理研究达到一个新的高度，帮助企业更为精准地捕捉商机。

（二）大数据对市场的影响

1.大数据能精准分析顾客需求

通过大数据技术挖掘和分析收集到的消费者数据，企业可以了解每个顾客的内容需求和兴趣偏好，甚至能辨识哪些顾客群体具有相同的特征。这些数据分析可以帮助企业更好地掌握市场变化趋势和顾客消费特点，从而生产出完全满足顾客需求的产品和服务，实现精准定位。在大数据时代，企业通过大数据技术能够收集大量市场、消费者和商品信息，并运用大数据高性能的存储技术管理好这些数据，构建一个完整的顾客信息数据库。为了把消费者和商品有机串联起来，企业可以运用相关性分析技术对消费者的消费行为、消费地点、消费状态，商品的周转路径进行分析，精准地把握用户的消费偏好，生产出个性化的产品，这样就真正实现了由消费者驱动来生产产品，更有导向地为客户提供服务。

同时，通过运用大数据技术，企业可以挖掘分析消费者对产品的态度，对顾客新的需求进行预测和判断，这样必将革新传统的通过顾客调研、主观臆断消费者未来的需求的定位模式。企业运用大数据技术收集海量的消费者信息，通过对信息的处理，对潜在顾客进行细分，确定公司的目标消费者，然后为他们提供具有针对性的产品和服务，这样就可以大大提高企业开展定位活动的精准度，降低定位活动的成本，提升潜在顾客的购买率。

另外，在精准定位活动中运用大数据技术，可以大大提高顾客的让渡价值。第一，使用现代化的信息工具将商品和服务信息一对一地传递给顾客，能够节省消费者搜寻商品的时间和精力；第二，大数据技术可以降低企业定位的成本，这样企业就可以降低商品售价，使消费者付出更少的钱得到所需的商品；第三，精准定位强调与顾客的沟通互动，这种沟通不仅对顾客群体起到扩散效应，还可以使企业与消费者建立更为紧密的联系，吸纳顾客对产品的意见，进一步改善产品功能，提高顾客满意度。

在传统的技术下，企业可以根据用户的信息数据对用户进行常规细分，如根据性别、年龄、职业等细分，以提高定位顾客的精度。但是运用大数据技术后，企业可以掌握顾客更全面的信息。对这些数据进行分析，可以使企业对顾客进行个性化的细分，识别出各个顾客不同的消费偏好，然后开展具有针对性的定位活动。精准定位活动强调与老顾客保持良好的关系，这样可以准确了解单个顾客的个别需求，顾客由于感受到了尊重也愿意合作，消费者和企业之间形成了相互合作的关系。对于不同的客户，企业生产的产品也体现出差异化的特点。企业需要更加注重客户的个性化需求，它们获得的客户信息越多，就越能把握客户的深层需求。

2.发展粉丝经济

大数据使组织能够对人群进行非常具体的细分，以便精确地定制产品和服务，满足用户需求。这一方法在营销和风险管理领域广为人知。随着技术的进步，许多公司已经将客户进行微观细分，以便锁定促销和广告方式。

大数据时代一方面使数据数量急速增加，另一方面使产品和服务呈现出定制化的特点。企业所面对的是一个个消费者，而非一群消费者，个性化营销成为企业应对大数据时代的主体营销方式。在这一点上，小米公司就取得了巨大的成功。广泛的社会调研为小米公司提供了第一手数据，再加上粉丝经济的带动，不但使小米公司成为成长最快的互联网公司，也为小米公司以后的转型及产业链发展打下了好的基础。从小米公司粉丝文化的盛行可以看到，现今互联网市场是一个以客户为导向定制产品的过程，品牌与粉丝文化已经融为一体，经营粉丝已经成为经营品牌、经营企业非常重要的一环。

3.品牌忠诚度降低

研究表明，如今有 25%的顾客会十分忠诚于同一品牌，而有 25%的顾客会尝试不同的品牌。不同品牌和媒体的受众不同，这使得大众市场"碎片化"的特征愈加明显。消费、品牌、媒介、生活方式也正朝着"碎片化"的方向发生相应变化。从消费者的角度来看，这是追求自我、追求个性的必然。从生产者的角度来看，这是未来产品宣传、品牌定位、媒介选择的主要依据。"碎片化"的社会大众被各种媒体、各种信息无限分割，营销者与广告商很难再通过某一单一媒体全面覆盖各种目标人群，营销成本逐年上升。

（三）大数据对企业竞争力的影响

信息时代的竞争，不是劳动生产率的竞争，而是知识生产率的竞争。企业数据本身就蕴藏着价值，企业的人员情况、客户记录对于企业的运转至关重要，但企业的其他数据也拥有转化为价值的力量。将它们抽丝剥茧，通过特殊的方法观察，与其他数据集进行对照，或者以与众不同的方式分析，能使企业的业务不断拓展。数据是所有管理决策的基础，带来的是对客户的深入了解。

1.核心竞争力的要素

大数据时代，企业大数据和云计算战略将成为第四种企业竞争战略（其他三种为成本领先战略、差异化战略、集中化战略），并且企业大数据和云计算战略将对传统的企业三大竞争战略产生重要影响。企业管理者要高度重视大数据和云计算，把其提高到企业基本竞争战略层面。数据竞争已经成为企业提升核心竞争力的利器。来自各个方面的、零碎的、数量庞大的数据融合在一起，可以构建出企业竞争的全景图，帮助企业制定有效的竞争策略。

企业传统的竞争力包括人才竞争力、决策竞争力、组织竞争力、员工竞争力、文化竞争力和品牌竞争力等。在大数据时代，数据正在逐步取代人才成为企业的核心竞争力，数据和信息作为资本取代人力资源成为企业最重要的智能化载体。这些能够被企业随时获取和充分利用的信息和数据，可以引导企业对其业务流程进行优化和再造，帮助企业做出科学的决策，提高企业管理水平。

根据相关机构的总结，大数据主要在以下四个方面体现出巨大的商业价值：

（1）对顾客群体细分，然后对每个群体量体裁衣般地采取独特的行动。

（2）运用大数据模拟真实情境，发掘新的需求，提高投入的回报率。

（3）提高大数据成果在各相关部门的分享程度，提高整个管理链条和产业链条的投入回报率。

（4）进行商业模式、产品和服务的创新。

可见，大数据给企业核心竞争力带来了挑战，对数据的收集、分析和共享带来了影响，为企业提供了一种全新的数据分析方法，数据正成为企业重要的资本之一，而数据分析能力正成为企业赢得市场的核心竞争力。企业必须把对大数据的处理、分析和有效利用作为形成核心竞争力的重要手段。

2.产业融合与演化

企业运用财务战略加强对企业财务资源的支配、管理，可以实现企业效益最大化的目标。其中，其最终的目标是提高财务能力，以便在使用财务资源、协调财务关系与处理财务危机的过程中获得超出竞争对手的有利条件。

随着大数据时代的到来，产业融合与细分协同演化的趋势日益明显。一方面，原本不相干的行业通过大数据技术有了内在关联，对大数据的挖掘和应用促进了行业间的融合；另一方面，大数据时代，企业与外界的交互变得更加密切和频繁，企业竞争变得异常激烈，广泛而清晰地对大数据进行挖掘和细分，找到企业在垂直业务领域的机会，已经成为企业脱颖而出形成竞争优势的重要方式。在大数据时代，产业环境发生深刻变革，改变了企业对外部资源需求的内容和方式，同时也改变了价值创造、价值传递的方式和路径。企业需要对行业结构，即潜在竞争者、供应商、替代品、顾客等力量重新进行审视，制订适应大数据时代的竞争战略。

要提高企业核心竞争力，就要处理好资源的来源与配置问题，其中资源主要指财务资源。财务战略的管理对企业核心竞争力的提升起到了重要的推动作用。

（1）企业竞争力形成初期采取集中的财务战略。企业在竞争力形成初期已经具备了初步的可以识别的竞争力，在这一时期企业自己的创新能力弱而且价值低，可以创造的利润少而且经营的风险比较大。同时，该阶段对市场扩展的需求紧迫，需要大量的资金支持。在这一时期，由于企业的信誉度不够高，对外的集资能力差，因此企业可以采用集中财务的发展战略，即通过集中企业内部资源扩大对市场的占有率，为企业以后核心竞争力的发展提供基础。在资金筹集方面，企业应实行低负债的集资战略，由于企业在这一阶段的资金主要来源于企业内部，以私人资金为主，因此最好的融资办法是企业内部融资。在投资方面，为了降低经营风险，企业要采用内含发展型的投资策略，挖掘出企业内部实力，提高对现有资金的使用效率。这种集中财务的发展战略重视企业内部资源的开发，所以可以在一定程度上减少企业的经营风险。在营利的分配方面，企业最好不实行营利分配政策，而把营利资金投入市场开发中，充实企业内部资本，为企业核心竞争力的提升奠定充足的物质基础。

（2）企业在核心竞争力发展阶段采用扩张财务的战略。企业核心竞争力处在成熟、发展阶段时，核心竞争力开始趋于稳定并且具有一定的持久性，这一时期企业除了要投入需要交易的成本，还要特别注意对企业知识与资源的保护投入。在这一时期，企业要利用好自己的核心竞争力并对其进行强化，在财务上要采用扩张财务的战略，实现企业资产扩张；在融资方面要实行高负债的集资战略；在投资方面采用一体化的投资战略；在营利分配方面实行低营利分配的政策，以提高企业的整体影响力。

（3）企业在核心竞争力稳定阶段采用稳健的财务战略。企业在这一阶段要开始实施对资源的战略转移，采取稳健的财政战略来分散财务风险，实现企业资产的平稳扩张。在该阶段，企业可采取适当的负债集资法，因为此时企业有了比较稳定的营利资金积累，所以在发展时可以很好地运用这些资金，减轻企业的利息负担。在投资方面，企业要采取多元化的投资策略；在营利分配方面，企业可以实施稳定增长的营利分配法。这一时期，企业的综合实力开始显著增强，资金的积累也达到了一定的数值，企业拥有了较强的支付能力，所以可以采用稳定增长的股份制分红政策。

二、大数据对企业财务会计工作的影响和挑战

（一）大数据对会计数据及会计工作的影响

1.大数据对会计信息质量的影响

大数据时代会计信息包括定量描述会计数据、定性描述会计数据及非结构化、碎片化会计数据，这三类会计数据在数量及作用上是不一样的。从会计数据总量来看，随着大数据的兴起，非结构化、碎片化会计数据的数量将会大大增加，并占主导地位；从数据的价值密度来看，很明显定量描述会计数据要比非结构化、碎片化会计数据的价值密度高得多，由此将会出现一个问题：会计数据将会以哪一类会计数据为主？从会计的作用及会计存在的必要性来看，会计之所以存在，完全是因为会计能够通过自己的一整套体系为信息使用者提供有益的信息，从而帮助其做出正确的决策。虚假的会计信息不仅无助于会计信息使用者做出正确的决策，而且会诱导会计信息使用者做出错误的决策。因此，要想帮助会计信息使用者做出正确的决策，会计数据的真实可靠就是一个必要条件。从目前会计理论及会计实务来看，会计要求以取得的真实发生的经济业务对应的单据为记账依据，这样报表的数据才能真实、客观地反映出企业的生

产经营过程及企业的财务状况、盈利状况和现金流量状况等。从会计生存与发展的角度来看，不管是不是大数据时代，提供真实可靠的会计信息，帮助信息使用者做出正确的决策的本质是不会改变的，否则会计将失去存在的必要。从数据取得的难易程度来看，定量描述会计数据的取得要比非结构化、碎片化会计数据容易得多；从数据取得的成本来看，定量描述会计数据取得的成本要比非结构化、碎片化会计数据低很多；从数据的有效性来看，大数据中的无效数据会更多，对正确结果的干扰可能更大；从数据分析的难易程度来看，因果关系分析要比相关性分析更直接，更容易让人掌握和理解。大数据时代的会计数据肯定以定量描述会计数据为主，以定性描述会计数据与非结构化、碎片化会计数据为辅，这也决定了以后的会计数据计量手段同样应以货币计量为主、其他计量为辅的做法。目前会计理论与实务的发展遇到了困境，如人力资源会计、行为会计、企业社会责任会计、环境资源会计等，其主要原因在于这些重要的会计领域难以定量描述，难以准确地反映在报表中。大数据的产生及大数据挖掘方法的应用将会促进这些领域的定量描述，把这些领域逐渐纳入会计核算体系，更真实、更全面地反映某一会计主体的生产经营过程及经营结果。

2.大数据对会计数据的影响

会计是以货币为主要计量单位，以凭证为主要依据，借助于专门的技术方法，对一定单位的资金运动进行全面、综合、连续、系统的核算与监督，向有关方面提供会计信息，旨在提高经济效益的一种经济管理活动。简单来说，会计是通过对数据，尤其是会计数据的确认、计量、报告与分析，帮助企业的管理者来管理企业，并向外部利益相关者提供会计信息的一种管理活动。

目前的会计数据包括各种各样的数据，可以归纳为三类：①用来进行定量描述的数据，如日期、时间、数量、质量、金额等；②用来进行定性描述的数据，如质量、颜色、好坏、型号、技术等；③不能单独用来表示一定意义的非结构化、碎片化会计数据。目前对会计数据的处理仅仅局限在定量描述会计数据的处理，尤其是那些能够以货币来进行计量的经济活动中表现出来的会计数据。这是因为这种数据既能比较方便地进行价值的转换与判断，又能很直观地还原出企业的生产经营过程，从而使利益相关者可以通过会计数据信息了解企业生产经营过程及生产经营结果。与定量描述会计数据相比，定性描述会计数据存在一个很大的缺陷，即定性描述会计数据只能大概显示出企业的生产经营活动过程，不能还原出企业的生产经营活动过程。例如，这个产品质量好，只能推断出企业经营过程良好，但为什么良好、在哪个生产步骤良好、该企业的良好和其他企业的良好是否一样则难以知晓。对于非结构化、碎片化会计数据，从因果关系的推断来看，其存在更为严重的问题。因为具有不完整、非结构化及碎片化的特征，该类数据会产生因果关系推断障碍，不能推断出经营结果，经营结果也无法还原经营过程。从目前会计数据的使用情况来看，定量描述会计数据经常使用，定性描述会计数据较少使用，非结构化、碎片化会计数据基本没有使用；从企业的整个会计数据的作用来看，定量描述会计数据作用固然重要，尤其是金额数据，但是定性描述会计数据及非结构化、碎片化会计数据也很重要，会对会计信息使用者产生重要的影响，甚至会影响会计信息使用者的决策。例如，好的商品质量能扩大企业的知名度，给企业带来巨大的商誉，进而给企业带来超额利润。由于定性描述会计数据及非结构化、碎片化会计数据具有内在缺陷，这些数据的作用目前还无法发挥出来，这阻碍了会计理论与会计实务的发展。

互联网、物联网、传感技术等新技术的应用，不仅实现了人、机、物的互联互通，而且建立了人、机、物三者之间智能化、自动化的"交互与协同"关系，这些关系产生了海量的人、机、物三者的独立数据与相互关联数据。目前那些难以用货币化来计量的经济活动，其实都可以通过以上新技术来记录，记录过程中相应地会产生大量的数据，这些数据不仅有结构化数据，还有规模巨大的如声音、图像等非结构化、碎片化数据。随着大数据时代的到来，定性描述会计数据及非结构化、碎片化会计数据，尤其是非结构化、碎片化会计数据的增长速度将远远超过定量描述会计数据的增长速度，非结构化、碎片化会计数据及定性描述会计数据将会成为会计数据的主导。

虽然定性描述会计数据及非结构化、碎片化会计数据存在内在缺陷，但是在大数据时代，企业可以使用大数据挖掘技术发挥出该类数据的会计作用。虽然这些数据不能完整、全面、清晰地反映出企业的经营结果和经营过程，但是大量的数据放在一起，能够帮助企业利用它们之间的相关关系推导与反映出经营过程与经营结果。例如，把一个生产步骤细分为成千上万个步骤，一个细分步骤不能表示什么含义，但是把大量的细分步骤组合到一起同样能够构成一个完整的步骤，那么就能达到定量描述会计数据的相应功能。在传统的会计理论中，使用的会计数据基本上属于定量描述会计数据，主要原因有两个：一是定性描述会计数据不能准确地以货币来计量；二是数据量小时，利用数据之间的相关关系推导出来的结果不像因果关系推导出来的结果那样准确、令人信服，原因在于数据量小时利用相关关系推导出来的结果随机性较大。传统会计选择那些定量描述会计数据作为会计数据，实际上受到了所处时代的影响。随着互联网、云技术、大数据挖掘等新技术的使用，非结构化、碎片化会计数据急剧增加，非结构化、碎片化会计数据真正成为大数据，这些数据已成为企业的重要资源，将影响企业的可持续发展。从统计学角度来看，非结构化、碎片化会计数据摆脱了必须使用因果关系分析的内在局限性，利用相关关系分析可以达到与因果关系分析相同的效果，从而为非结构化、碎片化会计数据应用于会计工作提供了可行的理论基础与技术支持。在大数据时代，这些定性描述会计数据及非结构化、碎片化会计数据丰富了会计数据的种类，拓宽了会计数据的来源渠道。目前的会计数据实际上是直线型的数据，大数据时代的会计数据将变得更加立体化，有可能出现三维或者多维形式的会计数据。

3.大数据对会计数据分析方法的影响

在大数据时代来临之前，定性描述数据与非结构化、碎片化数据很少被纳入会计数据范畴，会计实务也很少使用这些数据，这些数据还不能称为会计数据。在大数据时代，数据量的优势及数据挖掘分析方法在会计领域的使用将促使定性描述数据与非结构化、碎片化数据转变为会计数据，从而丰富了会计数据的内容与来源，提高了定性描述会计数据与非结构化、碎片化会计数据在会计理论与实务中的应用价值，从可靠性与相关性两个方面同时提高了会计信息的质量。大数据挖掘技术融合了现代统计学、知识信息系统、决策理论和数据库管理多学科的知识，可以从海量数据中发现特定的趋势和关系。大数据挖掘技术在会计理论和实务中的应用，能有效地从大量的、不完全的、模糊的、碎片化的、非结构化的实际应用数据中找到隐含在该类数据与企业价值之间的数量关系。

随着互联网、物联网、传感技术、云计算等技术的发展，客户关系方面的网络数据、生产过程中的生产作业记录数据、采购过程动态监控记录等方面的数据量每天都在增加，数据的非结构化、碎片化特征越来越明显。传统的数据分析技术在面对大数据时已经显得力不从心，很难解决大数据的存储、分割、高效计算的问题。同时，随着大数据概念的提出及大数据商业价值的开发，大数据挖掘技术得到了长足发展，大数据应用软件与操作系统相继出现，如 DB2 数据库软件、Hadoop 系统、InfoSphere Streams 流数据、Netezza 等，这些大数据应用软件和操作系统解决了定性描述会计数据及非结构化、碎片化会计数据与企业价值之间关系分析的技术问题，同时会计大数据也将促进数据挖掘技术的发展与应用。

4.大数据对企业会计行为的影响

由以上分析可知，大数据时代的到来影响着会计数据的构成，传统数据中的那些定性描述数据和非结构化、碎片化数据将转变成会计数据。一方面，会计数据范围的扩大有利于企业将更多的信息纳入会计核算体系，尤其是那些非结构化、碎片化会计数据中蕴含的会计信息，从而能够使企业更准确地计量这些数据所在的领域对企业的贡献，以采取更有效的应对措施，最终改善企业的生产经营行为。另一方面，随着社会形势的发展，一些原来难以用定量描述会计数据进行计量的会计信息越来越重要。2000 年里斯本欧盟高级会议期间，时任欧盟委员会主席的罗马诺·普罗迪（Romano Prodi）提出，"我们在企业家活动领域中的缺位需要认真对待"，有大量证据表明企业家能力在经济增长和生产效率改进过程中作用明显。大数据有助于将企业家能力这类对企业很重要但其价值又难以计量的要素纳入企业的会计核算体系。同样，就企业家能力来说，大数据帮助企业准确计量该要素对企业的价值，那么企业就可以根据企业家能力的价值来给予其合适的报酬，这样既能减少优秀企业管理者的跳槽行为，还可以进一步激发企业家工作的积极性，为企业吸引更多的优秀企业家。优秀企业家可以更有效地降低库存，提高存货周转率；改变融资方式与融资策略，降低融资成本；改变经营策略，扩大市场占有率；改变投资组合，增加投资收益；改变利润分配方式，有效利用企业的自有资金；选择符合企业利益的会计政策与方法；分析大数据信息，发现潜在市场与商机；等等。

（二）大数据时代财务会计面临的挑战

1.传统的事务性财务会计已无法满足现代企业管理的需要

仅仅做好账务核算，仅仅针对月度或年度的财务报表进行分析，已无法给企业管理层的决策带来帮助。尤其是在大数据时代，面对大量的数据信息，以及各种新技术、新业务模式的冲击，财务会计如果仅仅是"摆数据"，那么对企业的发展和变革来说是起不到支持作用的。财务会计应该以更主动、更积极的方式来为企业服务，实现从"事务型"向"经营管控型"的转变，更加注重数据的及时性，以及财务数据与业务数据的融合。大数据时代，微博、微信里的各类与企业相关的信息，有的看起来很有用，实则对企业的发展作用不大；有的看起来微不足道，实际上却与企业的发展战略息息相关。然而，对这些信息进行处理需要耗费大量的人力和物力，只有具有财务与数据分析能力的专业人员才能胜任此项工作。

2.现代企业管理已经不满足于用 ERP 等手段进行事后管理

由于竞争的加剧，以及对数据时效性的关注，企业管理层更希望得到富有洞察力、前瞻性的数据，这也给传统的财务分析模式带来了冲击。财务会计人员要在繁杂的数据中去粗取精，化繁为简，能灵活根据管理需求多维度地对财务数据进行分析，能运用大数据准确地预测未来的趋势和变化，这些都将给企业经营创造极大的价值。大数据具有强大的数据处理功能，这使财务会计人员脱离繁杂的工作成为可能。企业通过建立数据仓库、数据分析平台，使财务会计工作变得高效、流畅，同时财务会计的远程化、智能化和实时化也将成为可能。通过对财务信息和人力资源等非财务信息的收集、整理和分析，大数据可以为企业决策提供强大的数据支持，帮助企业选择成本最低、收入最高、风险适中的方案和流程，减少常规失误，最大限度地规避风险，使企业的财务会计工作更具前瞻性和智慧性，企业的内部控制体系得以进一步优化。

3.实现业务和财务数据的协同

大数据分析是优化配置各个部门、各个子公司人力资源的最佳方案。例如，以"大自然的搬运工"自居的农夫山泉有十多个水源地，以一瓶水售价两元为例，其中仅有三角花在了运输上。该企业开发了大数据软件，将高速公路收费、道路等级、天气、配送中心辐射半径、季节性变化等实时数据输入进去，精准管控物流成本，大大降低了费用。企业要适应时代需求，建立新的财务模型，通过大数据分析，找到配置各类资源的最佳路径和最便捷的工作路线图，从而降低成本、节约资源、提高效率，为企业制订科学发展方案提供依据。为适应新技术带来的业务模式的变化，企业的发展会从纵向和横向两个维度展开，同时一系列的重组兼并也将会展开。一方面，如果这时财务会计工作依然停留在传统"事务型"的状态，就无法给企业的有效兼并或重组融资等带来帮助；另一方面，在兼并后，企业间的业态差异、管理水平差异等会使整体管理难度加大。如何实现业务和财务数据的协同，以达到企业管理水平的提升，也是企业财务会计在大数据时代迫切需要解决的问题。

4.深挖财务会计信息

在大数据时代，企业可以从业务数据、客户数据中挖掘更多的财务会计信息。以计算为核心的大数据处理平台可以为企业提供一个更为有效的数据管理工具，提升企业财务会计水平。很多企业对自身目前的业务发展状态分析只停留在浅层面的数据分析和进行简单的信息汇总上，缺乏对自身业务、客户需求等方面的深层分析。管理者根据数据进行客观、科学、全面的分析后再做决定，将有助于减少管控风险。

在大数据时代，企业不仅需要掌握更多、更优质的数据信息，还要拥有能力高超的领导者、先进的管理模式，这样才能在企业竞争中获得优势。除了传统的数据平台，企业还可建立一个非结构化的集影像、文本等数据于一体的数据平台，通过做内容挖掘，开展声誉度分析、舆情化分析及精准营销等。这样企业可随时监控变化的数据，提供实时的产品与服务。

5.加大财务会计信息对企业决策的支持力度

企业在大数据背景下能够获得多维度的海量数据信息，在原来的工作模式中，企业可能无法应对如此繁杂的数据，但在大数据条件下，企业可以建立一个大数据预测分析系统，让企业从繁杂的数据监测与识别工作中解脱出来，为企业赢取更多的时间来进行决策与分析。大数据运用的关键在于有大量有效且真实的数据。一方面，企业可以考虑搭建自有的大数据平台，掌握核心数据话语权，在为客户提供增值服务的同时，获得客户的消费习惯；另一方面，企业还要加强与电信、电商、社交网络等平台的战略合作，建立数据和信息共享机制，全面整合客户有效信息，将金融服务与移动网络、电子商务、社交网络等密切融合。另外，大数据时代的到来也大大推动了企业财务会计组织的有效转型，为企业财务会计工作提供了优化的契机。

三、大数据下企业财务会计信息化的发展策略：云会计

（一）云会计的概念

云会计是指建立在互联网上的虚拟会计信息系统，是使用云计算技术和概念构建的会计信息化基础设施，它可以为企业提供数据分析、财务核算、财务管理及决策服务。在会计领域，云会计作为会计信息化的新模式，可以实现企业信息系统的有效整合，提高企业的管理能力和竞争优势。企业云计算信息管

理系统的创建也将成为下一代企业信息技术发展趋势。

（二）云计算的优势

云计算在会计信息系统中的优势主要表现在以下几个方面。

1.降低了企业信息化建设的成本

从财务软件的购买、安装到信息系统的维护等一系列问题都不用企业亲自解决，由云计算供应商代为处理。企业的所有电子设备只需要连接互联网，就能享用云计算提供的服务，企业像购买服务一样购买这种信息计算和处理能力，按照流量付费即可。传统会计中的会计信息存储在原始凭证、账本等各种纸质记录中，各分公司、各部门会有各自的 IT 系统及信息存储平台来存储各自的数据，不能实现信息共享，而且各部门或各分公司的 IT 构建有可能因人员配备的不同而略有差异。在公司整体建立云计算平台后，各分公司和各部门将信息存储到云端，每个分公司和每个部门都能享受到一样高水平的 IT 系统，并且实现信息共享，集中管理。若自建私有云不能满足公司发展要求，公司可按照需求向云服务商购买公共云，按照所占用的公共云付费，无须购买大量存储硬盘和处理器。这意味着企业采用了将会计信息化建设与服务进行外包的模式，不用为信息化所需的基础设施建设投入大量资金。

2.企业之间的信息传递更加便利

重要会计信息的来源之一是企业经济活动，还包括银行、资本市场、证券市场、政府机构等提供的经济信息。在传统的会计信息化建设模式下，企业信息系统难以与外部信息系统相协调。未来，企业的经济活动将通过网络会议、谈判、合同等方式进行，可以通过电子数据交换网络和资本转移来实现。公司需要收集数据，这是电子数据，而不是传统会计纸质文件和业务。在这种情况下，信息可以通过任何网络终端发送到云处理平台，云处理平台能实时记录与企业业务相关的凭据，这使得企业之间的信息传递更加便利。

3.为企业提供大量的信息，加强企业的会计控制

会计是一个经济信息系统，包括对企业财务信息和有关的非财务信息进行接收、确认、分类、记录、储存、变换、输出、分析、利用，并对企业经营活动实行有效的控制。云计算作为先进的信息技术，将给企业经营方式、员工工作方式等带来全新的变革，也给会计数据采集环境、采集工具和采集模式带来全新的变化。在云计算的应用模式下，企业的信息系统不再是一个孤岛，通过云计算供应商提供的信息服务，企业可以轻松获取大量企业之外的信息，这有助于加强企业的会计控制。会计数据实时采集从企业内部扩展到外部。基于互联网的基础支持，企业可以随时向合作伙伴、供货商、代理商等索取数据，而且数据将直接在云端传递，效率更高，且不占用企业本身的存储空间。

云计算加强了企业内外部的协同工作。在高度发达的云计算平台上，企业内部整个财务有着良好的一体化流程。通过信息流协同，各个部门有序合作，合理配置企业资源，达到企业经营效益最大化。从企业外部看，具有共同商业利益的合作伙伴主要通过对整个商业周期中的信息进行共享来满足不断增长的客户需求。企业通过对各个合作伙伴竞争优势的整合来创造最大的商业价值。

（三）云会计在企业会计信息化中面临的主要问题

1.数据的安全性问题

在云会计平台上，各种财务数据都通过网络进行传递，数据的载体发生了变化，数据流动也出现了多种方式。互联网的开放性将在一定程度上导致云会计平台出现一些问题，如网络黑客或竞争对手利用专业病毒和间谍软件等非法截获并恶意篡改传输过程中的数据，或者绕过财务软件关卡进入财务数据库等，企业最为机密的核心财务数据遭黑客盗窃、篡改，或是被意外泄露给非相关人员，这无疑会给企业带来严重的后果。

2.云会计的信息孤岛

目前,我国的云会计还处于起步阶段。阿里巴巴的钱掌柜、用友的伟库网、金蝶的友商网开始提供云会计服务,但是目前只局限于为中小企业提供在线记账、现金管理等一些基本服务,未能与企业其他的信息系统如 OA(office automation,办公自动化)、ERP 有效融合,这将造成新的信息孤岛。

3.对云会计提供商的依赖性

云会计的建设完全依赖于云会计服务提供商。云会计服务提供商的专业能力和售后服务质量对云会计的应用效果有着巨大影响。一旦云会计服务提供商技术支持响应不及时,或者停止运营,将对企业的正常运营造成破坏性的影响。

(四)大数据下云会计的应用及其优势

在大数据时代,云会计在企业会计信息化中的应用具有较大优势。企业管理者能利用云会计进行业务信息和会计信息的整理、融合、挖掘与分析,整合财务数据与非财务数据,提高企业财务决策的科学性和准确性;同时,大数据下的云会计可以借助主流的大数据处理软件工具对来自企业内部和外部的海量结构化数据和非结构化数据进行过滤,并以众多历史数据为基础进行科学预测;云会计还可将这些海量数据应用于企业成本控制系统,分析企业生产费用构成因素,为企业进行有效的成本控制提供科学的决策依据。

1.应用于大数据时代的信息化建设,实现企业会计信息化建设的外部协同

企业云会计信息化运营平台运算资源部署在云端,使企业所有的会计信息处理需求都可以通过网络在云计算平台的服务器集群中以最快的速度得到满足。云会计可以实时控制财务核算,及时生成企业的财务数据,实现企业财务信息共享。大数据时代,企业需要同银行、税务、会计师事务所、供应商和客户等合作,使用传统的会计信息化建设模式很难与外部协同。云会计信息化平台通过广泛互联、灵活控制,不仅做到与会计准则保持一致,还可以实现网上

报税、银行对账、审计、交易，从而有效实现大数据时代企业会计信息化建设的外部协同。

2.应用于大数据时代成本控制系统，降低企业会计核算成本

大数据时代，企业会计核算需满足新的商业模式，尤其是创新的互联网商业模式。"按需使用、按使用多少付费"的商业模式能够满足会计云计算服务需求者（企业信息化）的利益需要。云会计以软件服务方式提供，企业用户按需购买、按使用资源多少或时间长短付费。企业不必为服务器、网络、数据中心和机房等基础设施投入巨大的费用。已经在运行的基础架构即服务、平台即服务、软件即服务等云会计，通过对应的服务构成，整合提供云会计综合服务，在充分适应互联网商业模式的同时，有效降低大数据时代的会计核算成本。例如，利用云计算技术的软件即服务来构建云会计的会计核算系统、会计管理系统、会计决策系统、统一访问门户及其他与会计信息系统相关的业务系统，利用平台即服务来构建云会计的数据库服务及会计信息化开发应用环境服务平台，利用基础架构即服务来构建云会计的存储及数据中心的应用环境，利用硬件即服务来构建服务器集群，形成有效的弹性计算能力，最后形成基于互联网的云会计系统。

3.应用于企业财务流程再造，确保企业财务战略顺利实施

与传统的财务信息系统账表驱动不同，大数据时代财务流程再造的思想是：将实时信息处理嵌入业务处理过程中，企业在执行业务活动的同时，将业务数据输入管理信息系统，通过业务规则和信息处理规则生成集成信息。基于这种模式构建的财务信息系统被称为事件驱动的财务信息系统。云计算的发展将推进财务流程全部转移到线上。在云计算系统的支持下，企业将数据存储在云中，业务流程可以实现将购销业务、生成合同、会计人员记录业务等信息传至云端，云端存储数据并自行运算，形成报表及各种指标数据；管理层及税务部门、会计师事务所等外部协同部门都可以共享云空间的数据，满足各自需要。可扩展商业报告语言可以实现企业数据的自动归集，报表使用者通过可扩展商业报告语言访问企业数据。公司管理层可以在实现以上财务流程再造的同时，

确保企业财务战略及公司战略的顺利实施。

第二节　智能化发展环境下
财务工作的转型及应对

随着网络和信息技术的不断发展，经济环境日新月异，智能化的兴起和发展改变了经济环境因素和管理工作模式，在给管理工作带来便利的同时也给现有的管理模式提出了一些挑战，如劳动力的需求下降。在智能化背景下，财务工作中一些机械性、重复性的工作不再由人工完成，财务工作人员开始面临转型的压力。另外，借助智能化的创新，财务管理活动能够为企业决策提供更多的支持，创造更大的价值。在智能化背景下，企业财务管理工作如何开展、如何创新是每个企业财务会计人员都需要思考的问题。

一、财务管理工作转型的必要性思考

财务管理工作在整个企业管理中的重要性毋庸置疑。从本质上来说，财务既体现了国家的国民经济各个部门及各个经济单位在物质资料的再生产过程中的资金运动，还体现了国民经济各部门及各经济单位的财产和债权债务关系。智能一般包括感知能力、记忆与思维能力、学习与自适应能力、行为决策能力等。所以，智能化通常也可定义为，使对象具备灵敏准确的感知功能、正确的思维与判断功能、自适应的学习功能、行之有效的执行功能等。将智能化技术应用到财务管理工作，需要结合大数据、云计算等相关技术，使财务工作更加全面、真实、高效。

（一）财务智能化的驱动因素

1.信息共享意识的普及

现在是信息爆炸的时代，市场经济的复杂多元化促使企业之间加强合作共赢，各个企业需要进行财务信息的共享，将对信息的关注从企业内部延伸到企业与企业之间、企业与市场之间，实现横向和纵向拓展。

2.互联网与大数据技术对财务智能化的促进

互联网和大数据技术的高速发展解决了传统的财务管理工作中人工无法完成的难题。例如，利用人工智能和大数据等技术，现代财务信息共享程度得到了有效提高；利用云计算技术，财务信息跟踪、实时财务监管得以实现。现代高技术的发展，全面推动了财务的自动化和智能化。

3.国家政策和会计管理方法的推动

国家制定的关于电子发票、电子档案、电子合同和电子票据等的政策也带动了财务自动化、电子化的发展。在信息技术快速发展时期，财政部也针对财务会计做出了一系列新规定，推动了财务和业务的有效融合。

（二）传统财务管理模式的弊端

1.传统财务管理模式效率低下

传统的财务管理模式主要依赖人工，在进行数据收集、票据处理及信息共享等工作时，需要投入大量的人力和时间。但是，在这个信息大爆炸的时代，单纯依靠人工对数据进行收集、处理、分析已经无法满足企业对于信息的需求，容易出现缺漏和错误，影响企业财务管理工作效率的提升。

2.传统财务管理模式数据支持能力低

新形势下，信息的更新速度逐渐加快，企业要想在更加复杂多元的市场环境中获得生存和发展，具有市场竞争力，必须及时对当前的市场信息做出相应的决策和政策调整，这就要求企业获取信息的速度快、质量高。而传统的财务管理模式没有充分结合大数据信息技术，对信息的获取速度慢，无法满足全面性的需求，十分影响企业管理者的决策。

3.传统的财务管理模式无法有效结合财务管理和业务管理

财政部在 2016 年颁布的《管理会计基本指引》中明确指出，"各个经济单位要将财务和业务等有机融合"，这就正式对财务会计和业务管理提出了相互融合的要求。但是，在传统的财务管理模式下，财务管理和业务管理仍然相互独立，没有建立相互融合的制度流程，不能更好地发挥出财务管理的作用。

二、智能化发展环境下财务工作转型的建议措施

（一）树立科学合理的智能化财务理念

在进行传统的财务管理模式改革之前，必须先对智能化财务管理有全面、科学的认识。财务智能化包括企业内外的所有经济活动，如财务管理智能化人才的培养、财务智能化的战略规划、财务智能化硬件设施的购买和软件的开发应用以及财务智能化的制度建设等。企业必须认识到财务智能化是一个系统的财务制度体系建设，不单单是购买、引进一些设施，还需要硬件设施、软件系统、管理人员的有效整合，如此才能形成完整的财务智能化工作系统，发挥财务智能化的真正效用，实现财务管理工作效率的有效提高。

（二）健全财务管理流程

在智能化发展环境下，企业必须建立起全新的财务管理流程。企业首先要聘用专业的智能化财务信息管理人才，严格管控招聘流程和考核机制，保证人才的晋升通道顺畅，根据人才特点进行岗位安排和职责划分。企业的财务智能化处理流程必须进行权限设置，根据不同的权责和职位设置不同的操作权限，

避免出现权责不清、相互推卸责任的现象，也避免不相关人员随意进行财务流程的操作，保护企业财务信息的安全。企业在财务智能化流程的建设过程中，应尽可能使报销、挂账等业务流程网络化，减少传统财务管理模式下审批手续烦琐、需要垫付的弊端。

（三）改变财务服务方式，促进财务管理和业务管理的有效融合

企业智能化财务工作的有效开展，必须要求企业各个部门协调合作，而不是仅仅依靠财务部门的努力。企业要加强企业内部财务智能化的宣传和培训，让企业整体都认识到财务智能化的重要性，并且参与到财务智能化的建设中，学习财务软件的使用方法，并根据自己部门的工作特点提出财务管理流程的优化建议。另外，财务部门是为企业其他部门工作的开展服务的，财务必须服务于业务，这就要求企业加强财务管理与业务管理的融合。

参 考 文 献

[1] 白华. 事业单位会计与企业单位会计财务处理的比照[J]. 企业改革与管理，2015（8）：124.

[2] 陈琳. 管理会计与财务会计的融合探讨[J]. 信息记录材料，2018，19（1）：183-184.

[3] 程日光. 财务收支审计中的分析与思考：基于基本建设财务收支审计[J]. 现代商业，2017（10）：146-147.

[4] 程晓鹤. 管理会计与财务会计的融合探讨[J]. 宏观经济管理，2017（A1）：209-210.

[5] 丁旭. 国有企业领导人员经济责任审计风险控制措施分析[J]. 企业改革与管理，2017（4）：116.

[6] 郭永凤. 试论企业财务会计与事业单位会计的区别[J]. 财经界（学术版），2017（2）：184.

[7] 景秋云，姚好霞. 法务会计在治理上市公司财务舞弊中的作用[J]. 山西省政法管理干部学院学报，2019，32（4）：91-93.

[8] 李莉. 事业单位会计与企业会计的区别[J]. 环球市场信息导报，2017（41）：45.

[9] 陆小英. 浅谈事业单位会计、行政单位会计与企业会计的异同[J]. 现代经济信息，2011（20）：192.

[10] 秦飞. 浅谈加强行政事业单位内部会计控制措施研究[J]. 财会学习，2019（13）：127-128.

[11] 饶碧芳. 新常态下企业审计工作的要点研究[J]. 中国国际财经（中英文），2017（14）：107-108.

[12] 苏三芬.建设项目管理审计的内容和管理策略[J].住宅与房地产，2018（15）：171.

[13] 孙雅琼.财务会计与管理会计的融合研究[J].财会研究，2015（8）：44-47.

[14] 王靖涵.财务会计与管理会计融合发展分析[J].合作经济与科技，2019（6）：186-187.

[15] 王鑫.事业单位财务会计与企业财务会计的区别[J].经济视野，2014（24）：316.

[16] 徐元元，田立启，刘鹏涛，等.医院会计管理[M].北京：企业管理出版社，2015.

[17] 杨艳姝.企业财务会计与事业单位会计的区别分析[J].投资与创业，2017（10）：72-73.

[18] 余和森.论财务会计与管理会计的融合[J].现代营销（下旬刊），2019（2）：232.

[19] 余宏波.管理会计与财务会计在财务管理中的运用研究[J].财会学习，2019（32）：58，60.

[20] 余秦.新经济形势下企业财务会计与管理会计融合发展[J].现代营销（下旬刊），2019（2）：230-231.

[21] 袁守亮.财务会计与管理会计的融合探索[J].中国商论，2017（33）：139-140.

[22] 张馨.企业内部财务管理审计的探讨[J].中国乡镇企业会计，2017（7）：168-169.

[23] 张颖.财务稽核与审计工作相结合的新型管理模式[J].农电管理，2017（12）：49.